Wellensittiche
glücklich & gesund

> Autor: **Immanuel Birmelin** | Fotos: Oliver Giehl und andere

Inhalt

Wohlfühl-Heim

- 6 Die richtige Wahl
- 7 Wilde Wellensittich-Welt
- ➤ **8 Wellensittiche im Porträt**
- 10 Augen auf beim Kauf
- 11 Darauf müssen Sie achten!
- 11 Checkliste: Gesundheits-Check auf einen Blick
- 12 Die Wohlfühl-Ausstattung
- 12 Checkliste: Das ist gefährlich!
- 13 Das richtige Zubehör
- 15 Täglich Freiflug
- ➤ **16 Special »Frage & Antwort«**
  Fragen rund um Auswahl und Kauf

Fit-und-gesund-Programm

- 36 Der richtige Ernährungsfahrplan
- 36 Abwechslung im Futternapf
- 36 Die wichtigsten Fütterungsregeln
- 39 Checkliste: Mehr Spaß beim Füttern
- 40 Das Einmaleins der Sittichpflege
- 40 Hausputz muss sein
- 42 So bleibt Ihr Vogel gesund
- 43 Tabelle: Die häufigsten Krankheiten auf einen Blick
- 44 Die Pflege des kranken Sittichs
- 45 Fürsorge im Alter
- ➤ **46 Special »Frage & Antwort«**
  Fragen rund um Ernährung und Pflege

Kennenlern-Programm

- 20 Sanfte Eingewöhnung
- 21 Wichtig in der ersten Woche
- 22 Sittiche und andere Haustiere
- 23 Checkliste: So wird Ihr Wellensittich zahm
- 24 Was Wellensittiche alles können
- 24 Checkliste: Geht es meinen Vögeln wirklich gut?
- ➤ **28 Verhaltensdolmetscher**
- 30 Die Sache mit dem Nachwuchs
- 31 Familienplanung
- ➤ **32 Special »Frage & Antwort«**
  Fragen rund um Eingewöhnung und Verhalten

Beschäftigungs-Programm

- 50 Lernen und Spielen
- 50 Checkliste: So lernt Ihr Vogel am besten
- 51 Von wegen Spatzen-Hirn!
- 52 Spielerisch läuft's wie von selbst
- 53 Tabelle: Das schönste Spielzeug für Ihre Wellensittiche
- 54 Freiflug ohne Risiko
- 54 Sicheres Fluggelände
- 55 Checkliste: Spielerisch Vertrauen schaffen
- 55 Urlaubs-Sitter
- ➤ **56 Special »Frage & Antwort«**
  Fragen rund ums Lernen und Spielen

Anhang

- 58 Register
- 60 Adressen, Literatur
- 61 Autor
- 61 Impressum
- 62 Meine Wellensittiche – Steckbrief zum Ausfüllen
- ➤ **64 Die 10 GU-Erfolgstipps**
  Wohlfühl-Garantie für Wellensittische

➤ GU-Serviceseiten

Wohlfühl-Heim

Die richtige Wahl	Seite 6–7
Wellensittiche im Porträt	Seite 8–9
Die Wohlfühl-Ausstattung	Seite 12–15
Special »Frage & Antwort«	Seite 16–17

Die richtige Wahl

Solange ich denken kann, bin ich mit Vögeln und mit Hunden zusammen, sie haben mein Leben bereichert und meine Persönlichkeit geprägt. Ein Leben ohne Tiere kann ich mir nicht vorstellen.

> *Neugierig auf alles: ein junger Wellensittich auf Entdeckungstour.*

Daher möchte ich jeden ermutigen, eine »tierische Beziehung« einzugehen. Damit die Partnerschaft keine Risse bekommt und beiden Seiten über viele Jahre Freude bereitet, darf die Entscheidung für ein Tier nie vorschnell und spontan fallen.

Warum Wellensittiche?

Wellensittiche zählen zu den intelligentesten Vögeln, man kann mit ihnen unglaublich spannende Dinge anstellen und erleben. Sie streiten sich untereinander so gut wie nie und bauen zum Menschen eine persönliche Beziehung auf. Darüber hinaus sind sie relativ anspruchslos und pflegeleicht. Auf den Punkt gebracht: Wellensittiche sind einfach wunderbare und wunderschöne Geschöpfe! Zum Schmusen eignen sich Wellensittiche nicht. Sie brauchen einen großen Käfig und täglich mindestens zwei Stunden Freiflug. Stubenreine Vögel gibt es nicht: Auch beim Freiflug werden regelmäßig Kotbällchen abgesetzt. Grund dafür ist der schnelle Stoffwechsel. Um ihr Vertrauen zu gewinnen, muss man Zeit investieren, da sie wie alle Vögel von Natur aus scheu sind. Mit Kaninchen, Meerschweinchen und Hunden vertragen sie sich problemlos, von gemeinsamer Haltung mit Katzen und Ratten rate ich ab. Prüfen Sie vor dem Kauf eines Sittichs, ob ein Familienmitglied auf Vogelfedern allergisch reagiert.

TIPP

Was Wellensittiche brauchen

➤ Artgenossen: Wellensittiche brauchen Wellensittiche! Allein leben sollte der Schwarmvogel nie.

➤ Freiflug: zwei Stunden täglich. So bleibt Ihr Vogel fit. Ansonsten ist die Gefahr des Verfettens groß.

➤ Frischluft: Der Sauerstoffbedarf des Sittichs ist extrem hoch. Vorsicht jedoch bei Zugluft!

➤ Sonnenlicht: Der UV-Anteil im Sonnenlicht regt die Produktion von Vitamin D an.

➤ Bad oder Dusche: besser noch eine Regenbrause.

Wohlfühl-Heim
DIE RICHTIGE WAHL

Wilde Wellensittich-Welt

Australien – das Land Roter Riesenkängurus, Eier legender Säugetiere, seltsamer Koalas. Und Heimat unseres beliebtesten Stubenvogels: des Wellensittichs. Doch kaum ein Besucher des fünften Kontinents bekommt wild lebende Wellensittiche zu Gesicht. Die Erklärung ist einfach: Die Vögel leben nomadisch im Inneren Australiens. Hier sind die Lebensbedingungen extrem hart, oft regnet es Monate, manchmal jahrelang nicht, schon morgens klettert das Thermometer auf 45° C. Wilde Wellensittiche sind leichter und wendiger als ihre gezüchteten Nachkommen und alle grün gefärbt. Grün ist die ideale Tarnfarbe, um nicht zur leichten Beute für Greifvögel zu werden.

Die Sittiche leben im Schwarm, häufig mit fast 1000 Tieren. Er bietet Schutz vor Angreifern und erleichtert die Suche nach Futter und Wasser. Kein Vogel tanzt aus der Reihe. Gemeinsam fliegt man auch die Schlafbäume an und wiegt sich zwitschernd in den Schlaf. Während der Trockenzeit verdorren im Outback viele Pflanzen und die Wasserlöcher versiegen. Dann müssen die Sittiche hunderte von Kilometern fliegen, um Hunger und Durst zu stillen. Die Wanderzüge fordern viele Opfer, die sie durch besondere Anpassungen ausgleichen: Sie haben einen siebten Sinn für Wasser und ziehen in kurzer Zeit viel Nachwuchs groß. Bevor die ersten Regentropfen fallen, beginnt das Brutgeschäft. Niemand verliert Zeit mit Revierkämpfen. Jede Kuhle, jede Baumhöhle wird besetzt, Hunderte der kleinen Papageien brüten dicht an dicht.

> *Um Wasserstellen zu finden, fliegen wilde Wellensittiche weite Strecken.*

CHECKLISTE

Bin ich der Richtige für Wellensittiche?

Darauf sollten Anfänger beim Start ins Vogelleben achten:

Vor allem Liebe
✔ Wellensittiche brauchen regelmäßige Ansprache. Auch ein Pärchen nie länger alleine lassen.

Leise und zärtlich
✔ Gehen Sie behutsam mit den Vögeln um. Lärm und hektische Bewegungen flößen ihnen Angst ein.

Vogelspuren
✔ Sittiche verlieren Federn und Gefiederstaub. Beim Freiflug werden Kotbällchen abgesetzt und manchmal auch Möbel angenagt.

Wellensittiche
im Porträt

Wilde Wellensittiche sind einheitlich grün. Erst der Mensch züchtete die kleinen Papageien in unzähligen Farbvariationen. Von keiner anderen Vogelart gibt es mehr Farbschläge.

> **Grün-opaliner Sittich:** Opalinen Wellensittichen fehlt die für andere Farbschläge typische Wellenzeichnung im Nacken und auf dem Rücken. Die Vögel sind eine beliebte Zuchtform. Grüne Opaline kommen in wenigen Exemplaren auch in freier Natur vor.

> **Blau-opaliner Sittich und Australischer Schecke (rechts):** Seit über 100 Jahren werden Schecken gezüchtet. Die helle Färbung wird vom teilweisen Ausfall des Farbstoffs Melanin verursacht.

Blaue Wellensittiche: Blaue Sittiche sind beliebte Stubenvögel. In freier Natur hätten die auffälligen Tiere allerdings kaum eine Überlebenschance.

Zimt gelb-opaliner Sittich: Zimtfarbene Opaline lassen sich recht leicht züchten. Bei Zimt ist das normal schwarze Wellenmuster braun gefärbt.

Australischer Schecke: Neben dieser Form gibt es Holländische und Dänische Schecken. Die Dänen werden auch als Harlekine bezeichnet.

Albino: Auch bei Wellensittichen kommen reinweiße Tiere vor, denen der körpereigene Farbstoff fehlt. Charakteristisch sind ihre roten Augen.

Grüner Jungsittich: Beim jungen Wellensittich erkennt man noch eine wellenartige Kopfzeichnung, die beim älteren Vogel völlig verschwindet.

Augen auf beim Kauf

Mit seinen Knopfaugen, dem zutraulichen Verhalten und dem leuchtenden Gefieder ist der Wellensittich zum beliebtesten Stubenvogel geworden. Von seiner Attraktivität und dem putzigen Wesen allein sollten Sie sich aber nicht zum Kauf verleiten lassen.

> *Ein Herz und eine Seele: Kinder und Wellensittiche verstehen sich auf Anhieb.*

➤ Fragen Sie Ihren Zoofachhändler, woher seine Tiere stammen. Lange Reisen in winzigen Transportkäfigen stellen für jeden Vogel ein Schockerlebnis dar, von dem er sich nur langsam erholt und deshalb oft noch lange scheu bleibt.

➤ Achten Sie auf die Haltungsbedingungen in der Zoohandlung: Die Vogelkäfige sollten groß und absolut sauber sein, den Tieren muss genügend Futter und Wasser zur Verfügung stehen und auf den Käfigboden gehört Vogelsand, auf keinen Fall Sandpapier.

➤ Wellensittiche brauchen Ruheplätze, um die große Umstellung zu verkraften: Schließlich kommen sie aus der Geborgenheit ihrer Bruthöhlen in die völlig fremde Welt des Zoogeschäfts.

Die Herren der Ringe

Jeder Wellensittich trägt einen Ring, der seine Herkunft dokumentiert. Mit der Beringung soll die Ausbreitung der Papageienkrankheit verhindert werden. Diese Krankheit tritt heute nur noch selten auf. Ich züchte seit 30 Jahren Sittiche und habe bisher von keinem Fall gehört. Für den Vogel ist der Ring nicht ungefährlich: Er kann daran hängen bleiben und sich beim Befreiungsversuch das Bein brechen. Zu enge Ringe verhindern die Durchblutung, was die Amputation des Beins zur Folge haben kann. Achten Sie also unbedingt auf den richtigen Sitz des Rings!

TIPP

Wer verträgt sich mit wem?

➤ Glück zu zweit: Gönnen Sie Ihrem Wellensittich einen Partner. Ideal: Männchen und Weibchen.

➤ Kein Kindersegen: Bietet man seinem Sittichpaar keine Bruthöhle an, gibt es auch keinen Nachwuchs.

➤ Friedliche Männer: Männchen kommen gut miteinander aus. Zwei Weibchen hingegen streiten häufig und dabei kann es Verletzungen geben.

➤ Zahm im Schwarm: Je mehr Tiere, desto besser vertragen sie sich. Es ist übrigens ein Irrglaube, dass Sittiche in einer Gruppe nicht zahm werden.

Wohlfühl-Heim
AUGEN AUF BEIM KAUF

> *Ein Bund fürs Leben: Wellensittichweibchen (links, mit brauner Nasenhaut) und Männchen (blaue Nasenhaut).*

Darauf müssen Sie achten!

Für viele Gesundheitsprobleme der Wellensittiche tragen wir die Verantwortung. Wir haben aus dem kleinen, wild lebenden Australier, der ein perfekter Flugakrobat und ein unermüdlicher Langstreckenflieger ist, einen behäbigen und etwas dicklichen Vogel gezüchtet.

Beine: Beim Wellensittich sollten zwei Zehen nach vorne und zwei nach hinten weisen. Sie müssen gut beweglich sein. Am besten beobachten lässt sich das, wenn der Vogel die Sitzstange umklammert.

Flügel: Die Flügel müssen eng am Körper anliegen und dürfen beim Ausstrecken keine Probleme machen.

Verhalten: Vögel, die selbstbewusst durch den Käfig trippeln, regelmäßig Futter und Flüssigkeit aufnehmen und neugierig an allem picken, sind fast immer gesund.

Jungtiere: Entscheiden Sie sich für junge Sittiche. Im Alter von fünf bis sechs Wochen lassen sie sich am besten zähmen. Die Augen verraten das jugendliche Alter: Sie sind im Verhältnis zum Kopf groß und einfarbig dunkel ohne hellen Irisring.

CHECKLISTE

Gesundheits-Check auf einen Blick

Augen
✔ Augen und Nasenränder sind frei von Federchen.

Federn
✔ Schwanz- und Schwungfedern sind völlig ausgebildet und nicht geknickt. Das Gefieder glänzt matt und ist ohne Kahlstellen.

Schnabel und After
✔ Der Schnabel ist frei von weißen Flecken und Krusten. Der After ist sauber. Verschmutzte Federn weisen auf Verdauungsprobleme hin.

Erkältung
✔ Niesende Vögel sind krank und stecken sich häufig gegenseitig an.

Die Wohlfühl-Ausstattung

Ein Haus wird zum Heim, wenn man sich darin geborgen fühlt. Für das Wohlbefinden eines Wellensittichs hat die Unterkunft eine ganz besondere Bedeutung. Durch sein Verhalten macht er dabei meist unmissverständlich klar, ob er mit Käfig und Ausstattung einverstanden ist.

› Hochseilartist: Klettern an Seil und Leiter ist seine Lieblingsbeschäftigung.

Viel Platz im Vogelhaus

Viele Menschen glauben, dass kleine Vögel nur kleine Käfige brauchen. Völlig falsch! Aras und Graupapageien, die großen Vettern der Wellensittiche, fliegen viel weniger als die flinken Kraftpakete des australischen Kontinents.

➤ Für Wellensittiche ist der größte Käfig daher gerade gut genug. Auch wenn er teuer ist, sollten Sie hier nicht knausern: Ihre Vögel müssen 15 oder mehr Jahre darin leben!

➤ Mindestgröße: 70 cm Länge, 40 cm Breite, 50 cm Höhe. Der Käfig kann das angeborene Flugbedürfnis der Vögel nicht befriedigen, täglicher Freiflug ist dennoch nötig (→ Seite 54). Nur so werden Verhaltens- und Gewichtsprobleme vermieden.

➤ Bei Bewegungsmangel schlagen Wellensittiche über längere Zeit mit den Flügeln. Solche eingefahrenen Verhaltensstörungen lassen sich nur schwer abstellen.

➤ Wellensittiche mögen Käfige mit waagerecht statt

CHECKLISTE

Das ist gefährlich!

Stromschlag
✓ Freiliegende Elektrokabel werden angeknabbert, ein tödlicher Stromschlag kann die Folge sein.

Ertrinken
✓ Wassergefüllte Blumenvasen und Eimer abdecken. Aquarienabdeckung nicht entfernen.

Verletzungen
✓ Spitze und scharfe Gegenstände (Nadeln, Messer, Glas) unter Verschluss halten. Stachelige Pflanzen (Kakteen) aus dem Freiflugzimmer entfernen.

Einklemmen
✓ Spalten hinter Möbeln und Regalen abdecken, Schränke und Schubladen schließen. Ein Vogel gerät in Panik, wenn er sich eingesperrt fühlt.

Verbrennungen
✓ Kein offenes (Kamin-) Feuer und keine brennenden Kerzen, solange die Wellensittiche Freiflug haben.

Vergiftungen
✓ Medikamente und volle Aschenbecher (Gefahr der Nikotinvergiftung) dürfen nicht zugänglich sein, alle für Vögel giftige Pflanzen (→ Seite 39) entfernen.

Wohlfühl-Heim
DIE WOHLFÜHL-AUSSTATTUNG

1 Total verspielt

Fast jeder Wellensittich hat sein ganz persönliches Vorzugsspielzeug. Spielräder und alle Objekte, die sich drehen, rollen und schubsen lassen, gehören dabei zu den erklärten Favoriten. Mit Leidenschaft und Ausdauer spielen die gewitzten Vögel oft über viele Stunden.

2 Tankstelle und Badeplatz

Als ehemalige Bewohner trockener Lebensräume kommen Wellensittiche mit sehr wenig Flüssigkeit aus. Trotzdem muss Trinkwasser immer zur Verfügung stehen. Die meisten Käfigbewohner nutzen die Wasserschale gleichzeitig aber auch für ein erfrischendes Bad.

senkrecht verlaufenden Gitterstäben. Nur hier können sie richtig klettern. Leider findet man im Handel immer noch Käfige mit Längsgittern.
➤ Die Gitterstäbe müssen aus Messing oder verchromt sein, Kunststoffüberzüge werden benagt und zerstört.
➤ Die Käfigtür sollte sich wie eine Falltür öffnen. Das erleichtert den Vögeln die Orientierung und damit auch die Rückkehr in den Käfig.
➤ Der richtige Bodenbelag ist Vogelsand, in dem die Käfigbewohner nach Herzenslust picken können.

Das richtige Zubehör

Beschäftigung ist wichtig. Beim Spielzeug gilt das Motto: je weniger, desto besser.
➤ Zwei Schaukeln gehören in jeden Käfig. Das vermeidet Streit zwischen den Vögeln.
➤ Empfehlenswert sind Leiter und Plastikbällchen mit Glocke. Mehr bitte nicht.
➤ Im Zoohandel finden Sie witzige und vogelgerechte Spielsachen, die man mit Zweigen und Ästen im Freiflugzimmer aufbauen kann. Das fördert Neugier und Spieltrieb der Wellensittiche.
➤ Vogelattrappen und Spiegel führen bei Sittichmännchen zu massiven Verhaltensstörungen: Die Vögel sehen in Spiegelbild und Plastikattrappe die Partnerin und umwerben sie mit ihrem ganzen Charme. Immer und immer wieder – zwangsläufig vergeblich. Das macht sie ganz wild und schließlich krank.

Bio-Sitzplätze

Alle Käfige werden mit Einheitssitzstangen angeboten. Ersetzen Sie zumindest einige durch Naturzweige. Das hat entscheidende Vorteile: Die Vögel knabbern leidenschaft-

lich gern daran, ihre Füße werden geschont und die Krallen abgewetzt. Wegen der unterschiedlichen Dicke der Zweige müssen die Vogelfüße häufig umgreifen. Das vermeidet einseitige Belastung und Druckstellen. Und weil die Krallen auf den Zweigen abgewetzt werden, erspart man sich das für die Vögel stressige Krallenschneiden nicht selten ganz.

> *Knabbertest: Was lecker aussieht, wird auf seine Genießbarkeit geprüft.*

Sand für den Boden
Streuen Sie den Käfigboden mit kalkhaltigem Vogelsand aus. Die Wellensittiche picken den Kalk auf. Der ist gut für Knochenwachstum und erleichtert die Verdauung, weil die Kalksteinchen die Körnernahrung in Kropf und Magen zerreiben.

Futter nach Wahl
Ihr Futter erhalten meine Vögel in mehreren flachen Schalen, die ich in Käfig oder Voliere verteile. Was der Aufwand soll? Ganz einfach: Die Sittiche können so nach Lust und Laune zwischen den einzelnen Samensorten wählen. Fürs Trinkwasser sind Wasserspender die Lösung. Sie werden außen am Käfig angebracht, sparen Platz und können nicht verschmutzen.

Kletter- und Badespaß
Die schönsten Dinge sind ganz einfach: Das gilt auch für den Kletterbaum im Sittichkäfig. Er ist schnell gebaut und hat viele Vorzüge. Ein paar Äste und Zweige von ungespritzten Bäumen (Vorsicht: Eibe ist giftig) in einen großen, mit Erde und Rindenmulch gefüllten Blumentopf stecken, die Äste durch eine Kordel mit Querästen verbinden – fertig. Die Wellensittiche benagen die Zweige mit Leidenschaft. Das schützt vor Nagespuren an der Käfigeinrichtung und darüber hinaus fallen so die meisten Kotbällchen auf den Käfigboden und werden nicht im Zimmer verteilt. Sind die Zweige abgenagt, sorgt man für frischen Nachschub. Ein Kletterbaum bringt nicht nur Knabberspaß, er gibt Ihren gefiederten Freunden auch das Gefühl der Geborgenheit. Wellensittiche sind nämlich

TIPP

So klappt der Freiflug besser
- ▶ Scheue Vögel verführt man mit einem Leckerbissen zum ersten Freiflug: Dazu Hirsekolben oder Karotte auf die Außenkante der Käfigtür legen.
- ▶ Der Käfig als Start- und Landeplatz gibt Vertrauen: Vor der Rückkehr Futter auf Dach und Tür anbieten.
- ▶ Während der ersten Flugstunden schrille Geräusche und hektische Bewegungen unbedingt vermeiden.
- ▶ Trainieren Sie alleine mit dem Vogel. Andere Personen sollten während der Flugübungen nicht im Zimmer sein, sie lenken den Vogel ab oder ängstigen ihn.

Wohlfühl-Heim
DIE WOHLFÜHL-AUSSTATTUNG

Gewohnheitstiere, die nur ungern Plätze anfliegen, die sie nicht kennen. Eine wichtige Überlebensstrategie, denn alles Unbekannte signalisiert Gefahr. Auch wilde Sittiche bevorzugen vertraute Bäume als Ruhe- und Schlafplätze. Obwohl in der Heimat der wilden Wellensittiche oft über Jahre kein Tropfen Wasser vom Himmel kommt, plantschen fast alle mit Wonne in einer eigenen Badewanne. Ein Badehäuschen (Fachhandel) gehört daher immer zur Grundausstattung des Vogelkäfigs. Manche Sittiche mögen keine Vollbäder. Bieten Sie ihnen als Alternative ein feuchtes Salatblatt an.

Täglich Freiflug
Halten Sie einmal für eine Minute inne und stellen Sie sich vor, Sie könnten Ihre Beine nicht mehr bewegen. Eine grausame Vorstellung! Ähnlich müssen wohl Vögel empfinden, wenn man sie zeitlebens im Käfig einsperrt und ihnen nie die Chance zum freien Fliegen bietet.
➤ Täglicher Freiflug ist für jeden Wellensittich ein Muss.
➤ Achten Sie vor jedem Start darauf, dass Türen und Fenster geschlossen sind.

➤ *Gemeinsam auf Rundflug: Wellensittiche sind Schwarmvögel. Das Zusammenleben mit Artgenossen tut ihnen gut.*

➤ Vorsicht bei Kippfenstern: Die Verletzungsgefahr ist groß und entweichen können die Vögel auch.
➤ Machen Sie große Fensterscheiben durch Aufkleber für die Vögel sichtbar oder ziehen Sie die Vorhänge zu.
➤ Für junge Vögel sind die ersten Flugstunden in unbekannter Umgebung sehr aufregend. Aber keine Angst: Wellensittiche sind helle Köpfchen, sie lernen schnell und genießen bald jede einzelne Minute des Ausflugs.

Fragen rund um Auswahl und Kauf

? Freunde haben mir einen wunderschönen Wellensittich geschenkt. Kann er solo bleiben oder braucht er Gesellschaft?
Ein Wellensittich braucht den Partner wie die Luft zum Atmen. Junge Vögel, die drei Monate alleine leben, sind ängstlicher als ihre Artgenossen in Gesellschaft. Die Solisten singen und trällern stundenlang vor sich hin, ähnlich einsamen Menschen, die Selbstgespräche führen. Ausdruck des Wohlbefindens ist das also nicht. Die Tiere haben große Kontaktprobleme, weichen vor fremden Artgenossen zurück oder bedrohen sie. Entscheiden Sie sich stets für mindestens zwei Sittiche. Die Vögel danken es Ihnen ein Leben lang – Wellensittiche werden 14 und mehr Jahre alt.

? Wie unterscheidet man die Geschlechter bei den Wellensittichen?
Oberhalb des Vogelschnabels befindet sich die Nasenhaut. Die ist bei männlichen Tieren blau, bei Weibchen braun gefärbt. Da sich die Färbung erst bei den geschlechtsreifen Vögeln zeigt, sieht man jungen Sittichen das Geschlecht leider noch nicht an. Ein erfahrener Zoofachhändler »ahnt« jedoch an der Schattierung oft, ob es sich um ein Weibchen oder Männchen handelt. Eine Garantie kann er Ihnen für die Bestimmung allerdings nicht geben.

? Wo ist der richtige Platz für den Käfig?
Grundsätzlich sollte ein Vogelkäfig mindestens auf Augenhöhe stehen. Bei einem tieferen Standort geraten die Bewohner leicht in Panik, wenn man sich von oben nähert. Das entspricht nämlich dem ererbten Feindbild einer Bedrohung durch Greifvögel. Weitere wichtige Kriterien für die Platzwahl: Sicherheit vor anderen Heimtieren (speziell vor Katzen) und Schutz vor Zugluft. Ich habe nach der Eingewöhnungsphase mit wechselnden Käfigstandorten gute Erfahrungen

> Knabbertraum: Einem Hirsekolben kann kein Wellensittich widerstehen.

Wohlfühl-Heim
FRAGEN RUND UM AUSWAHL UND KAUF

gemacht. So erleben die Vögel den Raum von verschiedenen Warten aus. Für meine Sittiche ist das immer wieder unglaublich spannend. Hin und wieder wird ein Vogelkäfig auch auf dem Kühlschrank platziert. Wegen der Vibrationen beim laufenden Kühlaggregat ist das aber kein geeigneter Standort.

? Meine Tochter ist sieben und will unbedingt einen Wellensittich. In welchem Alter können Kinder Verantwortung für Stubenvögel übernehmen?
Ich würde damit noch ein Jahr warten – auch wenn man das einem Kind nur schwer vermitteln kann. Erklären Sie Ihrer Tochter, wie empfindlich ein kleiner Vogel ist und wie sehr sein Wohlbefinden und Lebensglück von gewissenhafter Pflege abhängt. Käfigreinigung, regelmäßige Fütterung, Zwiesprache und Zuwendung überfordern kleine Kinder. Die wollen manchmal einfach lieber spielen und tausend andere Dinge tun. Am besten ist es, wenn Kinder ganz allmählich und behutsam in die Verantwortung für Heimtiere hineinwachsen.

? Manche Kinder sind sehr grob im Umgang mit Tieren. Ändert sich das, wenn sie Verantwortung für ein eigenes Tier haben?
Als Versuchsobjekt für ruppige Kinder eignet sich kein Tier. Verhaltensstudien belegen allerdings, dass solche Kinder im Zusammenleben mit Tieren aufgeschlossener und sensibler reagieren. Und weisen auch nach, dass fast immer Unwissenheit und nicht Bösartigkeit für das grobe Verhalten verantwortlich ist. Überträgt man diesen Kindern Verantwortung für ein Tier, respektieren sie die Ansprüche ihrer Schutzbefohlenen meist sehr schnell.

? Meine 77-jährige Mutter hat sich ein Sittichpaar gekauft. Ist der Aufwand nicht zu viel für sie?
Ganz bestimmt nicht! Gerade älteren Menschen können Stubenvögel zu engen Vertrauten werden. Sie geben dem Leben einen neuen Halt, spenden Nähe, Zuwendung und Zärtlichkeit. Der Verantwortung stellen sich die Senioren nur zu gerne. Und Sie können gewiss sein: Besser als bei einem älteren Menschen haben es Heimtiere nirgends.

MEINE TIPPS FÜR SIE

Immanuel Birmelin

Schöner Wohnen

▶ Beim Käfig zählt vor allem Größe. Oder kaufen Sie gleich eine Voliere, falls es Ihr Wohnraum erlaubt. Möglichst ohne Schnörkel und Zierrat. Und auf keinen Fall ein rundes Modell, weil Vögel hier Orientierungsprobleme haben.

▶ Beschränken Sie die Ausstattung auf die wichtigsten Dinge. Neben Fressnäpfen und Wasserspender sind das Naturzweige, Schaukel, Leiter und Plastikbällchen.

▶ Vorsicht mit Spiegel und Plastikpartner! Sie verleiten zu Ersatzhandlungen und können Verhaltensstörungen auslösen.

▶ Ein Sandboden gehört in jeden Käfig. Das Bedürfnis, nach Futter und Mineralien zu picken, ist den Wellensittichen angeboren.

▶ Der Kletterbaum aus Naturzweigen ist der perfekte Spielplatz für Ihre Sittiche. Er sorgt für Fitness und Wohlbefinden.

Kennenlern-Programm

Sanfte Eingewöhnung	Seite 20–23
Was Wellensittiche alles können	Seite 24–27
Verhaltensdolmetscher	Seite 28–29
Special »Frage & Antwort«	Seite 32–33

Sanfte Eingewöhnung

Wellensittiche reagieren außerordentlich empfindlich auf jede Veränderung ihrer Lebensbedingungen. In den ersten Stunden nach dem Kauf wird Ihr Sittich ängstlich und still in einer Ecke seines neuen Käfigs sitzen. Mit behutsamer Kontaktaufnahme und viel Geduld legen Sie in dieser Phase den Grundstein für eine lebenslange intensive Freundschaft.

Sicher nach Hause

Die erste gemeinsame Fahrt treten Käufer und Vogel mit unterschiedlichen Gefühlen an: Der Mensch freut sich auf das neue Familienmitglied, den kleinen Sittich ängstigt die unbekannte Situation und er vermisst seine Käfigfreunde. Beim Zoohändler kommt der Sittich in eine mit Luftschlitzen versehene Pappschachtel. Anfangs wird er darin zetern und aufgeregt umhertrippeln. Doch die Schachtel schirmt ihn von Angst auslösenden Umwelteinflüssen ab und nach wenigen Minuten hat er sich an die Box gewöhnt. Dennoch sollte die Heimfahrt kurz sein. Stecken Sie den Transportbehälter bitte nie in eine Plastiktüte, weil das zum Erstickungstod des Vogels führen kann!

Nach der Ankunft im neuen Heim sind Umsicht und Geschicklichkeit gefordert: Halten Sie die Reisebox an den geöffneten Käfig, damit der Vogel problemlos umsteigen kann. Bei einem scheuen Tier, das den Ausstieg verweigert, kippt man die Schachtel langsam in die Schräge, bis der Insasse in den Käfig rutscht. Nehmen Sie mit Schnalzlauten und gedämpfter Stimme Kontakt auf. Das gibt ihm Sicherheit. Danach braucht er Ruhe, um die fremde Unterkunft zu inspizieren. Bald darauf wird er Futter zu sich nehmen und ein bisschen trinken. Die erste Hürde ist genommen!

› *Vitamine, Mineralien und vieles mehr: Grüne Kost gehört auf den täglichen Speiseplan eines Wellensittichs.*

Kennenlern-Programm
SANFTE EINGEWÖHNUNG

Das sollten Sie vor allem in den ersten Tagen vermeiden:
➤ lautes Türenschlagen,
➤ schrille und hohe Töne,
➤ hastige Bewegungen,
➤ häufiges Ein- und Ausschalten von greller Beleuchtung im Zimmer des Vogels,
➤ auffällige Veränderungen von Form und Farbe Ihrer Bekleidung, und vor allem keine ungewohnten Kopfbedeckungen.

Wichtig in der ersten Woche

Für viele Menschen ist ein Vogel wie der andere: Diese Fehleinschätzung kann speziell beim Wellensittich mit seiner ausgeprägten Persönlichkeit fatale Folgen haben und die Partnerschaft mit dem Menschen empfindlich stören. Nur wer Charakter und individuelle Ansprüche seines Vogels respektiert, kann ihn richtig behandeln. Manche Sittiche akzeptieren ihre Umgebung verblüffend schnell, andere bleiben sehr lange auf Distanz. Ich bin mit den folgenden Regeln immer gut gefahren, um einem Wellensittich die Anfangsscheu zu nehmen und ihn mit mir und seiner neuen Welt vertraut zu machen.

Kontaktaufnahme

Im geschlossenen Käfig fühlt sich der Wellensittich sicher. Wenn er zärtlich und mit leiser Stimme angesprochen wird, verliert er schon bald seine Scheu vor dem neuen Partner.

Neugier besiegt Angst

Schon bald ist die Lust am Naschen größer als die Angst. Den Leckerbissen ins geöffnete Käfigtürchen halten und abwarten, bis der Vogel von sich aus das verlockende Angebot akzeptiert. Mit leiser Stimme macht man ihm dabei Mut.

Erste Flirtversuche

Die größte Hürde ist gepackt, der neue Wellensittich kann dem Hirsekolben auf der Hand nicht widerstehen. Jetzt lässt er sich auch schon vorsichtig wieder in seinen Käfig zurücksetzen. Der Beginn einer wunderschönen Freundschaft.

Dicke Freunde

Kinder und Wellensittiche verstehen sich meist auf Anhieb. Die Beschäftigung mit seinem Lieblingsspielzeug macht dem Vogel noch einmal so viel Spaß, wenn der neue Freund mit von der Partie ist und ihn zu seinen Aktionen ermuntert.

➤ Durch Gewöhnung und Verlässlichkeit baut man Zuwendung und Vertrauen auf. Der Vogel sollte Wasser und Futter immer zu festen Tageszeiten erhalten. Schon bald wird er sich auf diesen Rhythmus einstellen.

➤ Äste und Zweige zum Nagen und Hangeln fördern die Neugier und halten den Wellensittich geistig und körperlich fit.

➤ *Erste Begegnung: Kinder sind vom quirligen Wesen des Sittichs fasziniert.*

➤ Täglicher Freiflug im Zimmer ist Pflicht. Dazu muss der Vogel handzahm sein, um sich ohne Probleme in seinen Käfig zurücksetzen zu lassen.

Handzahm sollte jeder Wellensittich in Menschenhand sein. Einem Vogel, der nicht zahm ist, kann man keinen Freiflug gönnen. Zwangsläufig fristet er dann meist ein trostloses Leben im Käfig, weil sein Besitzer oft schon nach kurzer Zeit das Interesse an ihm verliert. Das ist zwar eine traurige Tatsache, leider aber kein selten vorkommender Fall. Zum Lebensglück des kleinen Schwarmvogels gehören auch die Artgenossen. Wer direkt mit zwei Sittichen in das Vogelleben starten möchte, sollte die beiden anfangs in getrennten Räumen unterbringen. Meine Empfehlung: Kaufen Sie Ihre Vögel im Abstand von drei bis vier Wochen. Dann bleibt genügend Zeit, um sich mit jedem intensiv zu beschäftigen.

Haben Sie das Vertrauen der Vögel gewonnen, dürfen die Sittiche erste Kontakte zueinander knüpfen. Nachdem sie sich durch die Gitterstäbe ihrer Käfige kennen gelernt haben, gönnt man ihnen gemeinsamen Freiflug im Zimmer. Bei der Begegnung in der Luft kommen sie sich leichter näher als im Käfig, der keine Ausweichmöglichkeiten bietet. Und nach dem aufregenden Flugabenteuer ist jeder der beiden Wellensittiche so müde, dass er den neuen Partner viel gelassener akzeptiert.

Sittiche und andere Haustiere

Wellensittiche können sich weder mit scharfen Krallen noch einem kräftigen Schnabel oder anderen Waffen zur

TIPP

Easy going – den Start erleichtern

➤ Der Sittich fürchtet sich vor dem ausgestreckten Finger. Deuten Sie daher bitte nie direkt auf ihn.

➤ Fangen Sie ihn nicht mit der Hand. Er meint, ein Greifvogel packe ihn, und bekommt Todesangst.

➤ Kein Meister fällt vom Himmel. Auch Wellensittiche brauchen Übung, bis sie sicher fliegen können. Halten Sie ihnen daher Lande- und Startplätze frei.

➤ Sprechen Sie täglich mit Ihren neuen Familienmitgliedern. So vermitteln Sie ihnen am schnellsten ein Gefühl der Sicherheit und Geborgenheit.

Kennenlern-Programm
SANFTE EINGEWÖHNUNG

▶ *Vertrauen geht durch den Magen: Mit einem Leckerbissen nimmt man die Scheu und bald fressen sie aus der Hand.*

Wehr setzen. Ihr Verhalten spiegelt diese Hilflosigkeit wider: Sobald es brenzlig wird oder sie in eine unübersichtliche Situation geraten, ergreifen die kaum 40 Gramm leichten Flugkünstler sofort die Flucht.

▶ Vor Hunden und Katzen haben Wellensittiche Angst. Mit viel Geduld und Umsicht kann man den Sittich an einen Hund gewöhnen, aber enge Freundschaften sind trotzdem selten.

▶ Gegenüber Hamstern, Meerschweinchen, Mäusen und Zwergkaninchen verhalten sie sich meist gleichgültig.

▶ Warnen möchte ich vor dem unbeaufsichtigten Zusammensein mit Katzen, Frettchen und Ratten: Vögel zählen zum ererbten Beutespektrum dieser Tiere und ihr Jagdtrieb lässt sich auf Dauer kaum unterdrücken. Und wer weiß schon, was ein Sittich beim Anblick seiner möglichen Feinde empfindet. Nicht auszuschließen, dass für ihn allein schon deren Gegenwart so viel Stress bedeutet, dass er auf Dauer krank wird.

CHECKLISTE

So wird Ihr Wellensittich zahm

Vertrauen gewinnen
✓ Leckerbissen auf flacher Hand durch Käfigtür anbieten. Leise ansprechen, oft wiederholen.

Handtraining
✓ Klettert er auf die Hand, langsam aus dem Käfig bewegen, am besten während er frisst. Danach Hand vorsichtig zurückführen. Täglich üben.

Kennen lernen
✓ Lassen Sie ihn am Arm hochklettern, an den Haaren zupfen und an Ihrer Haut knabbern. So lernt er Sie »hautnah« kennen.

Was Wellensittiche alles können

Wellensittiche sind Sprachkünstler: Auf unglaubliche 600 Wörter und 380 zitierte Sätze brachte es ein Rekord-Sittich. Manche Experten sind davon überzeugt, dass die Vögel auch verstehen, was sie plappern. Das mag für Graupapageien zutreffen, bei den Sittichen habe ich da eher meine Zweifel. In erster Linie sind sie wohl Profis im Nachahmen. Aber auch das ist schon eine extreme Leistung. Versuchen Sie doch einmal, sich 380 ganz unterschiedliche Sätze einer völlig fremden Sprache – zum Beispiel der chinesischen – zu merken!

Wer spricht, ist auf Partnersuche

Für jeden Sittichfreund ist es ein Highlight, wenn sein Vogel endlich zu sprechen beginnt. Doch der Anlass dazu ist eher trauriger Natur: Sprechende Sittiche sind nämlich fast immer einsame Tiere, die auf diese Weise versuchen Kontakte zu knüpfen. Im Prinzip ist das Sprechen also ein Hilferuf nach einem Partner. Den Umkehrbeweis liefern Wellensittiche, die in Gesellschaft mit ihren Artgenossen leben. Sie reden in aller Regel nur sehr selten. Und manche von ihnen denken nicht einmal im Traum daran, den Schnabel aufzumachen.

> *Rundum sauber: Mit Hingabe widmen sich Sittiche der Gefiederpflege.*

CHECKLISTE

Geht es meinen Vögeln wirklich gut?

Glänzende Federn und unstillbare Neugier zeigen Ihnen, dass Ihre Sittiche gesund und munter sind. Die wichtigsten Wohlfühl-Signale:

Singen und Schnäbeln
✔ Gesunde Vögel trillern leise Melodien, schnäbeln häufig miteinander und kraulen sich gegenseitig mit offensichtlichem Wohlbehagen das Gefieder.

Neugierig auf alles
✔ Ein Wellensittich ist ständig auf Entdeckungstour und interessiert sich für alles, was ringsherum passiert. Die täglichen Freiflugstunden werden zur akrobatischen Flugshow.

Keine Angst vor Nähe
✔ Ein gesunder Sittich sucht die Nähe der Artgenossen ebenso wie die des vertrauten Menschen. Schreckt er zurück, wenn Sie ihn ansprechen, ist das ein Alarmsignal.

Gepflegt und sauber
✔ Das saubere, glänzende und glatte Gefieder ist ein Zeichen für Wohlbefinden und Gesundheit.

Guten Appetit
✔ Wellensittiche haben einen regen Stoffwechsel und nehmen mehrmals am Tag Nahrung zu sich.

Kennenlern-Programm
WAS WELLENSITTICHE ALLES KÖNNEN

1 Knackiger Knabberspaß
Früchte, Beeren, Samen, frisches Grün: Alle Wellensittiche haben einen siebten Sinn für verheißungsvolle Futterstellen. Wie ihre wilden Vettern in Australien sind sie dabei wenig wählerisch und finden Geschmack an vielen unterschiedlichen Pflanzen. Und Spaß macht die Futtersuche auch noch.

2 Keine Zeit zum Streit
Wellensittiche vergeuden weder Energie noch Zeit mit unnützen Streitigkeiten. Im Schwarm geht es fast immer friedlich zu. Und auch Futterneid ist den kleinen Papageien meistens fremd – es sei denn, ein besonders frecher Artgenosse erlaubt sich, den letzten Leckerbissen zu stibitzen.

Winzling mit tollen Fähigkeiten

Vögel sind Augentiere. Das Auge eines Wellensittichs verarbeitet fast 150 Bilder pro Sekunde, der Mensch bringt es dagegen nur auf bescheidene 15 bis 20 Bilder. Der Sittich hat gleichsam ein extremes Zeitlupenauge und kann so jede Bewegung des Feindes besser ausmachen. Einen Kinofilm würde der Wellensittich als Diavortrag mit Einzelbildprojektion erleben. Diese Sinnesleistung bringt den Vögeln bei Neonlicht Probleme. Typisch für eine Neonleuchte ist ein Flackereffekt, der durch rhythmisches Aufleuchten und Verlöschen erzeugt wird. Das menschliche Auge registriert diesen extrem schnell ablaufenden Vorgang nicht, der Sittich jedoch muss sich vorkommen wie wir unter der Lichtorgel in der Disco. Mit einem elektronischen Vorschaltgerät kann man das Neonflackern ausschalten. Die seitlich sitzenden Augen verschaffen dem Wellensittich einen fast völligen Rundumblick. Auch Feinde, die sich von hinten nähern, haben daher kaum eine Chance unerkannt heranzukommen. Sittiche leben in einer bunten Welt: Ihre Augen sind noch farbtüchtiger als unsere. Im menschlichen Auge gibt es drei lichtempfindliche Typen von Sinneszellen, Wellensittiche haben gleich vier davon. Der vierte Zelltyp absorbiert die ultraviolette Strahlung des Sonnenlichts.

Schmecken und Riechen

Sittiche mögen salzige Kost, lehnen Süßes jedoch ab. Während unsere Zunge es auf 9000 Geschmacksknospen

bringt, verfügt die des Wellensittichs nur über etwa 350. Die kleinen Australier sind daher vermutlich keine allzu großen Feinschmecker. Zwischen süß, salzig, sauer und bitter können sie jedoch offensichtlich recht gut unterscheiden. Wie es um ihr Geruchsvermögen bestellt ist, weiß man leider noch nicht.

Hören
Die Ohren des Wellensittichs verstecken sich im Federkleid hinter den Augen. Ohrmuscheln fehlen, sie wären auch nur überflüssiger Ballast für die kleinen Flieger. Zwangsläufig ist das Richtungshören nicht besonders ausgeprägt, ansonsten steht ihr Hörvermögen allerdings dem unseren kaum nach. Wellensittiche nehmen Töne im Bereich von 400 bis 20 000 Hertz wahr (der Mensch von 16 Hz bis 20 000 Hz). Erstaunlicher ist das akustische Erinnerungsvermögen der Vögel. Sie können sich ein Leben lang an die exakte Tonfolge unterschiedlicher Laute und Rufe erinnern.

Vibrationssinn
Die Erschütterungszentrale des Wellensittichs sitzt in seinen Beinen. Wie ein Seismograph registriert der Vibrationssinn jede Bewegung des Bodens oder der Unterlage. Dem sensiblen Sinn sollte der Standort des Käfigs unbedingt Rechnung tragen: Steht die Vogelwohnung nicht erschütterungsfrei, können seine Bewohner leicht in Panik geraten.

Typisch Sittich
Die Kenntnis seiner Verhaltensweisen ist der Schlüssel zum Verständnis eines Tieres. Nur so versteht man seine Gefühlswelt, seine Ansprüche und Intelligenzleistungen. Da ein Sittich deutliche Verhaltensmuster zeigt, fällt es meist leicht, ihn zu verstehen.
Schmusen, Kraulen und Schnäbeln: Kraulen und Schnäbeln festigt die Partnerbindung und baut Stress ab. Das wiederum stärkt das Immunsystem. Sittiche in intakten Beziehungen sind kaum krankheitsanfällig.
Streiten: Ein Artgenosse wird mit Schnabelhieben traktiert. Sichtbares Anzeichen der Anspannung: Der Körper des Streithahns ist gestreckt, sein

> Gemeinsam auf Futtersuche: Solo gehen Sittiche ungern auf Entdeckungstour – ein Erbe ihrer wild lebenden Verwandten.

Kennenlern-Programm
WAS WELLENSITTICHE ALLES KÖNNEN

> Verlockende Aussichten: Frische Zweige sind eine willkommene Abwechslung auf dem Speiseplan der Wellensittiche.

Gefieder liegt glatt an, der Schnabel ist geöffnet.

Kämpfen: Zwei Weibchen beißen sich und hacken aufeinander ein. Dabei kann es blutig zugehen und zu langen Verfolgungen kommen. Trennen Sie die Vögel sofort!

Balzen: Ein werbendes Männchen füttert das Weibchen mit hervorgewürgtem Nahrungsbrei. Die Schnäbel beider Vögel sind ineinander gehakt. Zum Entsetzen mancher Vogelbesitzer versucht ihr Sittich, auch sie zu füttern. Ihm fehlt ganz einfach der Artgenosse. Mit einer Partnerin ist das Problem gelöst.

Hygiene: Wellensittiche verbringen viel Zeit mit der Gefiederpflege. Dabei werden die langen Schwanz- und Schwungfedern immer wieder durch den Schnabel gezogen. Das macht Sinn, denn nur sauberes Gefieder garantiert beste Flugeigenschaften.

Schlafen: Mit nach unten gedrehtem Kopf sitzt der Vogel auf der Stange und steckt den Schnabel ins Rückengefieder. Im Schlaf sind Sittiche richtige Akrobaten: Sie schlafen nämlich auf einem Bein. Warum das so ist und wie es funktioniert, weiß man leider nicht. Französische Wissenschaftler haben festgestellt, dass auch Wellensittiche träumen. Reißen Sie die gefiederten Freunde daher nicht aus ihrer Traumwelt, sie könnten mit Panik reagieren.

Singen und Rufen: Ein Sittich, der singt, fühlt sich wohl. Nach dem Partner wird mit hellen, schrillen Tönen gerufen. Unüberhörbar und für uns manchmal nervend.

Flügeln: Der Vogel klammert sich mit den Füßen an die Sitzstange und schlägt mit ausgebreiteten Flügeln rasch und ausdauernd auf und ab. Jungtiere trainieren auf diese Weise ihre Muskulatur. Bei älteren Sittichen ist es jedoch in erster Linie ein Anzeichen für fehlende Flugmöglichkeiten. Stellt ein Sittich seine Flügel weit vom Körper ab, ist es ihm zu heiß. Es besteht das Risiko eines Hitzschlags!

TIPP
Wege zum zärtlichen Zwiegespräch

- Locken Sie Ihre Vögel beim Namen, bis sie ans Käfiggitter kommen.
- Öffnen Sie die Käfigtür und lassen Sie die Sittiche an Ihren Haaren zupfen. Die körperliche Nähe stärkt die Partnerschaft.
- Haben Sie das Vertrauen er Vögel gewonnen, können Sie sich frei im Zimmer bewegen, während die Sittiche auf Ihrem Kopf sitzen. Sprechen Sie während der ganzen Zeit leise mit ihnen.
- Halten Sie Ihre Hand neben den Kopf, damit die Vögel umsteigen können. Auf der Hand erfolgt dann der Rücktransport zum Käfig.

Verhaltensdolmetscher
Wellensittiche

Kennen Sie die Wellensittichsprache? Hier erfahren Sie, was Ihr Sittich mit seinem Verhalten ausdrücken möchte [?] und wie Sie richtig darauf reagieren [→].

> Der Wellensittich steckt den Kopf unter das Rückengefieder.

[?] Auch am Tag legen die Vögel kleine Ruhepausen ein. Die aufgeplusterten Rückenfedern wärmen die Atemluft vor.

[→] Stören Sie Ihre Sittiche bei der Siesta nicht und vermeiden Sie Lärm und Hektik.

> Mit aufgesperrten Schnäbeln und gestreckten Körpern steht sich ein Sittichpaar gegenüber.

[?] Missverständnisse und Streit gibt es selbst in der harmonischsten Vogelehe einmal.

[→] Für den Vogelbesitzer kein Grund zur Sorge. Der Frieden ist bald wieder hergestellt.

Mit dem Schnabel bearbeitet der Sittich sein Federkleid.

? Der Pflege ihres Gefieders widmen Wellensittiche viel Zeit. Nach jeder Siesta und jeder Mahlzeit ist das Putzen Pflicht.
→ Gesunde Vögel brauchen keine Hilfe bei der Pflege.

Männchen (im Foto links) und Weibchen schnäbeln miteinander.

? Das Schnäbeln ist eine Zuneigungsgeste zwischen vertrauten Vögeln. Beugt das Weibchen dabei den Kopf nach hinten, ist es zur Paarung bereit.
→ Sittichpärchen gehen eine lebenslange Partnerschaft ein und sollten nie voneinander getrennt werden. Wollen Sie Ihren Vögeln Nachwuchs erlauben, müssen Sie einen Brutkasten aufhängen.

Der Vogel sitzt mit geplustertem Gefieder auf einem Fuß.

? Beim Schlafen plustern Vögel oft ihr Gefieder.
→ Plustert er aber auch wach ständig sein Gefieder, könnte das auf eine Erkrankung hindeuten.

Mit seinem Fuß kratzt sich der Vogel an Kopf und Körper.

? Kratzen dient der Grobreinigung des Körpers und ergänzt die Pflege mit dem Schnabel.
→ Beobachten Sie Ihre Vögel regelmäßig: Nachlässige Pflege ist oft ein Krankheitssignal.

Die Sache mit dem Nachwuchs

Bei Wellensittichen stellt sich nur dann Nachwuchs ein, wenn das Sittichpaar eine dunkle Höhle als passende Brut- und Kinderstube gefunden hat. Die wild lebenden Wellensittiche in Australien suchen sich dazu geeignete Astlöcher und Höhlen in alten und abgestorbenen Bäumen. Erst im Dunkeln werden die Hormone des Weibchens stimuliert und bringen es in Brutstimmung.

Der Balztanz des Sittichmännchens

Die Geschichte mit dem Kinderkriegen beginnt mit der Balz des Männchens. Eindrucksvoll plustert es Kopf- und Brustgefieder auf, trippelt zwitschernd vor seiner Auserwählten hin und her und tippt mit seinem Schnabel gegen ihren. Manchmal füttert der Freier auch die Dame seines Herzens, um sie friedlich zu stimmen. Ist sie in Brutstimmung, verfärbt sich ihre normalerweise beigefarbene Nasenhaut dunkelbraun. Direkt vor dem Paarungsakt legt das Männchen einen Flügel gleichsam beschützend über seine Partnerin.

Brüten: Frauensache

Nach der Paarung zieht sich das Weibchen in seine Bruthöhle zurück und legt im Abstand von zwei Tagen vier bis sechs Eier. Achtzehn lange Tage verbringt es jetzt alleine mit seinen Eiern, wendet sie regelmäßig und sorgt für die wichtige Wärme. Dann endlich kündigen laute Kükenrufe das bevorstehende Schlüpfen an. Mühsam befreien sich die Winzlinge mit ihrem Eizahn aus der Eihülle, indem sie einen Kranz in die Schale schlagen. Schließlich recken sie den Hals und stemmen unter Aufbietung all ihrer Kräfte eine Schalenhälfte hoch – fast so, wie man den Deckel einer Dose öffnet – und robben heraus.

> **TIPP**
>
> **Rund ums Brutgeschäft**
>
> **Eiertest**
> ➤ Unbefruchtete Eier sind klar und durchsichtig, befruchtete bläulich-milchig.
>
> **Putzstopp**
> ➤ Bruthöhle nicht säubern, solange Küken darin sind. Das Weibchen verlässt sonst die Kinder.
>
> **Fußpflege**
> ➤ Älteren Küken Kot von den Füßen wischen, damit sie nicht verkrüppeln.

> *Paarungsritual: Das Männchen legt einen Flügel über seine Partnerin.*

Kennenlern-Programm
DIE SACHE MIT DEM NACHWUCHS

1 Liebesleben
Sie machen es wie die Turteltauben: Zärtlich schnäbelnd versichern sich Männchen und Weibchen ihrer gegenseitigen Zuneigung.

2 Traumhöhle
Ohne Höhle läuft überhaupt nichts: Erst im Dunkeln seiner Bruthöhle kommt das Wellensittichweibchen in die richtige Paarungsstimmung.

3 Muttersache
Die Kinderaufzucht ist das Geschäft der Mutter: Vier bis fünf Wochen dauert es, bis der Nachwuchs flügge ist und die Bruthöhle verlässt.

Schlupfhilfe

In freier Natur, aber auch bei der Zucht in Menschenhand kommt es beim Vogelschlupf nicht selten vor, dass die neugeborenen Küken an den eingetrockneten Eihäuten festkleben und sich nicht mehr aus eigener Kraft befreien können. Viele Vogelmütter unterstützen ihren Nachwuchs dabei nicht und die Jungen sterben. Ganz anders die Wellensittichmutter: In brenzligen Situationen greift sie sofort ein und bricht pedantisch Stück für Stück von der Schale ab, bis das Junge endlich frei kommt.
Blind und nackt, aber voller Leben und Tatendrang krabbeln die nur zwei Gramm schweren Sittichwinzlinge umher. Kaum 36 Stunden später haben sie ihr Geburtsgewicht bereits verdoppelt. Und nach vier bis fünf Wochen verlassen sie dann als flügge Jungsittiche die dunkle Kinderstube und starten in ein hoffentlich sicheres und schönes Vogelleben.

Familienplanung

Für ein Wellensittichweibchen sind zwei Bruten pro Jahr genug. Sonst besteht die Gefahr, dass es an Erschöpfung stirbt. So verhindern Sie, dass es zu weiteren Bruten kommt: Trennen Sie das Sittichpaar, kurz bevor die Küken die Bruthöhle verlassen, und entfernen Sie dann auch den Brutkasten. Ohne Bruthöhle planen Wellensittiche keinen Nachwuchs. Geeignete Brutkästen gibt es im Zoofachhandel. Wichtig ist eine Mulde für die Eiablage, da Wellensittiche kein Nest bauen, sondern ihre Eier auf den blanken Boden legen. Der ideale Platz für den Brutkasten ist die Außenseite des Vogelkäfigs. Besitzt er eine zweite Tür, bringt man den Kasten direkt davor an, damit die Vögel ungehindert hineinschlüpfen können. Fehlt die zusätzliche Tür, knipst man ein paar Gitterstäbe mit der Zange weg. Nach der Brut kann die Öffnung mit einem Drahtgitter wieder verschlossen werden.

Fragen rund um Eingewöhnung und Verhalten

? Ein zweiter Mann verstärkt mein Sittichpaar. Das Weibchen schnäbelt nur noch mit ihm. Gibt es bei Vögeln die große Liebe?
Die gibt es tatsächlich. In meinen Studien habe ich nachgewiesen, dass die Weibchen einzelne Liebhaber bevorzugen, obwohl sie prinzipiell bereit sind, mit allen Männern Küken aufzuziehen.

? Mein Sittich würgt Nahrungsbrei auf den Spiegel. Ist er krank?
Keineswegs, der Sittichmann flirtet mit seinem Spiegelbild. Er sieht in ihm einen weiblichen Partner, den er umwirbt. Seine unbeantwortete Liebesmühe macht den Vogel ganz verrückt. Entfernen Sie den Spiegel und geben Sie ihm ein Weibchen.

? Ich möchte meine Sittiche bei der Kinderaufzucht beobachten. Wie funktioniert das ohne Störung?
Ersetzen Sie die Rückwand des Brutkastens (Fachhandel) durch eine Glasscheibe, die mit einem schwarzen Tuch abgedeckt wird. Schalten Sie die Zimmerbeleuchtung auf Dämmerlicht. Dann können Sie vorsichtig das Tuch lüften und die Sittichmutter bei der Pflege ihrer Jungen beobachten. Aber nie länger als zehn Minuten, um die Vögel nicht zu beunruhigen.
Vergessen Sie die Zuchtgenehmigung vom Ordnungsamt nicht: Ein Amtstierarzt überprüft die hygienischen Verhältnisse und die artgerechte Haltung der Vögel.

? Mein kleiner Sohn schreckt vor unseren Wellensittichen zurück. Offensichtlich sind sie ihm zu quirlig. Was soll ich tun?
Füttern Sie die Vögel mit der Hand und lassen Sie Ihren Sohn zuschauen. Geben Sie ihm dann ein paar Körner auf seine Hand. Die Wellensittiche holen sich das Futter ohne jede Scheu. Ihr Sohn wird feststellen, dass ihm die Vögel vertrauen. Das hilft sehr schnell, seine Hemmungen zu überwinden.

Abwechslung und Vielfalt: Wellensittiche beknabbern auch unbekannte Pflanzen.

Kennenlern-Programm
FRAGEN RUND UM EINGEWÖHNUNG UND VERHALTEN

? Wie macht man zwei fremde Wellensittiche miteinander bekannt?
Jeder bekommt einen eigenen Käfig. Käfige direkt nebeneinander stellen. Nach anfänglichen Protestgeschrei gewöhnen sich die Vögel schnell aneinander. Nach zwei Tagen gemeinsam fliegen lassen, möglichst in einem großen Zimmer, wo sie bei Bedarf auf Distanz bleiben können. Beide Vögel sollten bereits handzahm sein. Nicht selten sind sie schon bald ein Herz und eine Seele.

? Warum nagt unser Sittichweibchen in jeder dunklen Ecke?
Ihr Weibchen ist in Brutstimmung. Bieten Sie ihr einen Brutkasten an, in dem sie zumindest einmal Nachwuchs aufziehen darf. Das befriedigt den Muttertrieb.

? Mein Sittich verlässt den Käfig nie, obwohl die Tür offen ist. Wie animiert man ihn zum Freiflug?
Einem Leckerbissen kann kein Wellensittich widerstehen: Locken Sie ihn mit Hirse heraus, indem Sie den Futterhappen auf die offene Käfigtür legen und dabei leise mit ihm sprechen. Hat er Vertrauen gefasst, gönnen Sie ihm einen Partner. Gemeinsam mit ihm wird er die Lust am Fliegen entdecken.

? Frühmorgens zwitschern meine Sittiche so laut, dass ich nicht mehr schlafen kann. Was tun?
Alle Vögel beginnen den Tag im ersten Licht. Das macht biologisch Sinn: So verlieren sie bei der Futtersuche keine Zeit. Da die Sittiche in menschlicher Obhut keine Futtersorgen haben, können Sie den Käfig ohne Gewissensbisse mit einem Tuch abdecken oder den Raum verdunkeln. Die Vögel passen sich dem Tagesrhythmus an.

? In meinem Sittichzimmer stehen Kakteen. Lernen die Vögel die spitzen Stacheln zu meiden?
Sie sind sicher dazu in der Lage, trotzdem halte ich das Risiko für viel zu hoch. Ich hätte immer Angst, dass ein Vogel die feinen Stacheln übersieht und sich daran ernsthaft verletzt. Stellen Sie sich bitte nur einmal vor, dass ein solcher spitzer Kaktusstachel die Zunge eines Wellensittichs durchbohrt.

MEINE TIPPS FÜR SIE

Immanuel Birmelin

Vertrauenskurs

▶ Die ersten Stunden mit dem neuen Vogel sind entscheidend. Fühlt sich der Sittich von Anfang an geborgen, verliert er schnell seine Scheu. Vermeiden Sie in dieser sensiblen Phase laute Geräusche und hektische Bewegungen.

▶ Wellensittich und Katze passen nicht zusammen. Wahrscheinlich stehen Vögel allein schon bei ihrem Anblick unter Stress. Vor allem während der Eingewöhnungszeit ist das Vogelzimmer für eine Katze absolut tabu.

▶ Ihr Sittich sollte möglichst schnell handzahm werden. Das erleichtert den täglichen Umgang mit ihm.

▶ Manche Wellensittiche plappern ständig, andere sind fast stumm. Ein einsamer Vogel spricht viel, weil er Kontakt sucht. Geben Sie ihm einen Partner.

▶ Beobachten Sie den Vogel, um seine Körpersprache zu verstehen und so seine Bedürfnisse zu erkennen.

Fit-und-gesund-Programm

Der richtige Ernährungsfahrplan	Seite 36–39
Das Einmaleins der Sittichpflege	Seite 40–41
So bleibt Ihr Vogel gesund	Seite 42–45
Special »Frage & Antwort«	Seite 46–47

Der richtige Ernährungsfahrplan

»Er isst wie ein Spatz.« So beschreiben wir einen Menschen, der nur Mini-Portionen zu sich nimmt. Doch der Vergleich mit der Vogelwelt ist völlig falsch, denn Vögel sind wahre Vielfraße. Sie müssen es auch sein, weil es viel Energie kostet, die Kör-

> Obsttag: Früchte wie Äpfel und Trauben nur in Stückchen anbieten.

pertemperatur konstant bei 41° C – vier Grad über unserer – zu halten und den extrem schnellen Kreislauf zu versorgen. 300- bis 500-mal schlägt das Herz eines Wellensittichs in der Minute (beim Menschen sind es nur 60 bis 80 Schläge)! Um Vögel ausreichend, ausgewogen und gesund zu ernähren, ist daher hochwertiges und energiereiches Futter lebenswichtig.

Abwechslung im Futternapf

Flieger brauchen viel Treibstoff – das gilt auch für die Wellensittiche. Die Menge allein macht es nicht, es kommt vor allem auf ein vielfältiges Angebot an. Das ist in der freien Natur groß: Über 20 Pflanzenarten stehen auf dem Speiseplan der kleinen Australier. Der Nachwuchs lernt dabei von seinen Eltern und den anderen Schwarmvögeln, was genießbar ist und was nicht. Solche Vorbilder haben die Sittiche in unseren Käfigen nicht. Für sie muss der Halter den Ernährungsfahrplan zusammenstellen.
Füttern Sie Vielfalt: Wellensittiche brauchen von Jugend an ein breit gefächertes Futterangebot. Nur so geht man auf Nummer Sicher, dass sie sich nicht auf eine einzige Sorte spezialisieren. Eine einseitige Kost führt immer zu Mangelerscheinungen.
Körner als Grundnahrung: Das Fertigfutter für Ihre Sittiche gibt es im Zoofachhandel oder im Lebensmittelmarkt.

TIPP — Die wichtigsten Fütterungsregeln

- Vielfalt ist das A und O in der Ernährung junger Sittiche. Das stellt sicher, dass sie auch später nicht nur eine einzige Futtersorte akzeptieren.
- Wellensittiche sind empfindliche Kostgänger: Grünfutter muss immer frisch sein.
- Vorsicht vor zu viel Süßem: Verfettungsgefahr.
- Setzen Sie Wellensittiche bitte nie auf Diät!
- Säen Sie im Blumentopf Futterkörner an. Mit Begeisterung fressen die Sittiche die Grünpflanzen.

Fit-und-gesund-Programm
DER RICHTIGE ERNÄHRUNGSFAHRPLAN

Selbst hergestellte Futtermischung: preisgünstiger, aber sehr viel zeitaufwändiger als das Futterangebot in der Zoohandlung. Wer es einmal ausprobieren will, fährt mit diesem Rezept gut: 30 % Glanz- bzw. Spitzsaat, 25 % Silberhirse, 20 % Plata- und Senegalhirse, 15 % Nackthafer und Bluthirse, 5 % Negersaat und 5 % Leinsaat.
Ruhige Mahlzeit: Beim Fressen geben Wellensittiche meist keinen Laut von sich. Sie schälen die Samen mit dem Schnabel aus den Hülsen oder picken reife Samen vom Boden.
Gleiches Recht für alle: An der Futterstelle geht es friedlich zu. Futterneid kennen die kleinen Papageienvögel ebenso wenig wie einen Boss, der am Napf den Vortritt hat.

Was Sie über Körner wissen sollten

Körner bilden die Hauptnahrung der Wellensittiche. Körner sind Samen verschiedener Pflanzen. Sie enthalten alle lebenswichtigen Grundbausteine für eine ausgewogene Ernährung der Vögel: Kohlenhydrate, Fett und Eiweiß. Wegen der Inhaltsstoffe sind Körner nicht unbegrenzt haltbar. Achten Sie daher stets auf das Verfallsdatum des Körnerfutters, das auf der Packung angegeben ist. Traurig, aber wahr: Schon so mancher Sittich ist verhungert, obwohl er vor einem vermeintlichen Futterberg

> *Lieblingslandeplatz: Eine Getreidekugel wird schnell zum Anziehungspunkt für alle Käfigbewohner.*

saß. Die Erklärung ist einfach: Wellensittiche ernähren sich nur vom Inneren der Samen, die Hülsen lassen sie fallen. Die aber können einem unerfahrenen Halter den Eindruck eines randvollen Futternapfs vermitteln. Ein tragischer

Trugschluss! Anders als Reptilien oder Säugetiere können Vögel nämlich keine Fastentage überstehen.
Gönnen Sie Ihren Sittichen ab und zu einen Leckerbissen, zum Beispiel eine Knabberstange oder einen Knabberring mit Körnern in Honig oder Zuckerlösung. Die Samenkörner sind gesund,

> *Täglich frisch: Der Wasserspender gehört zur Grundausstattung.*

doch die Energiebomben Honig und Zucker gefährden schnell die schlanke Linie. Bieten Sie die leckeren Extras daher bitte nur sparsam an.

Grünfutter gehört auf den Speiseplan

Ihre Wellensittiche leben nicht von Körnern allein. Sie brauchen regelmäßig Grünfutter. Die Pflanzenkost enthält lebenswichtige Öle, Vitamine und mineralische Spurenelemente.

➤ Füttern Sie die Grünkost am Morgen und entfernen die Reste am Abend. So nehmen Ihre Vögel kein verdorbenes Futter auf, das Darmprobleme und Durchfall verursachen kann.

➤ Je nach Jahreszeit bekommen meine Vögel Wegerich, Vogelmiere, Löwenzahn, Hirtentäschel, Petersilie, Kopfsalat, Endiviensalat und Spinat.

➤ Naturzweige sind ein Muss. An ihnen lässt sich herrlich nagen und man nimmt ganz nebenbei wertvolle Mineralien und Vitamine auf. Sittiche mögen Weide, Linde, Pappel, Birke, Esche, Nadelhölzer und Haselnuss.

➤ Ergänzen kann man den Speiseplan durch Gemüse und Obst. Ich füttere Brokkoli, Grünkohl, Karotten, süße Kartoffeln, Kürbis, Tomaten, Äpfel, Birnen, Aprikosen, Bananen, Weintrauben. Da die Sittiche ganze Früchte nicht beißen können, müssen Sie Kirschen und Weintrauben halbieren, Äpfel, Orangen, Bananen und Aprikosen in Scheibchen schneiden.

➤ Das bekommt Sittichen nicht: rohe Kartoffel, Zitrone, Rhabarber, Pflaume, Kohl und Grapefruit.

Erde für den Magen

Lange rätselte man, warum wild lebende Aras, die großen Verwandten der Wellensittiche, an sandigen Steilhängen in Peru regelmäßig Erde fressen. Inzwischen wissen wir, dass sie so ihren Mineralienbedarf decken und gleichzeitig den übersäuerten Magen neutralisieren und entgiften. Jetzt biete ich meinen Sittichen Hirtentäschel, Löwenzahn und andere Pflanzen samt Wurzeln und Erde an. Zusätzlich bekommen sie ein Multivitaminpräparat und Kalksteine, die fürs Skelett und zur Federbildung gut sind. Zu viel schadet nicht, überschüssige Vitamingaben werden ausgeschieden.

Sittiche essen Fleisch

Was viele verwundern wird: Wellensittiche ernähren sich auch von rohem Fleisch! In meiner Voliere leben über 30 Sittiche. Immer wieder habe

Fit-und-gesund-Programm
DER RICHTIGE ERNÄHRUNGSFAHRPLAN

ich beobachtet, wie die Bewohner die Innereien eines verstorbenen Artgenossen fraßen. Anfangs hielt ich das für ein abnormes Verhalten, doch nach vielen ähnlichen Beobachtungen scheint es eher die Regel zu sein. Das bestätigen auch australische Freilandforscher. Man vermutet, dass die Vögel so besonders schnell an lebenswichtiges Eiweiß kommen.

Täglich frisches Wasser

Große Trinker sind Wellensittiche nicht. An kühlen Tagen trinken sie oft überhaupt nicht. Von wilden Sittichen weiß man, dass sie bei Temperaturen von 20° C und 30 Prozent Luftfeuchtigkeit bis zu 30 Tage ohne Wasser auskommen können. Eine erstaunliche Leistung. Aber bitte nicht zu Hause testen! Die wild lebenden Wellensittiche im staubtrockenen Inneren des australischen Kontinents müssen mit jeder Wasserstelle vorlieb nehmen: Man kann vor Ort häufig beobachten, wie sie ihren Durst an völlig verdreckten Pfützen löschen. Das Problem haben die Käfigvettern nicht: Sie erhalten natürlich täglich Frischwasser.

> *Fit und aktiv: Ein Sittich findet immer etwas zum Knabbern und Spielen.*

Giftig und gefährlich

Je zahmer ein Wellensittich ist, desto frecher wird er auch. Mit Begeisterung knabbert er an Pflanzen, Bleistiften und Kugelschreibern und macht selbst vor Minibatterien nicht Halt. Entfernen Sie alle schädlichen und giftigen Objekte aus dem Sittichzimmer. Diese Pflanzen sind gesundheitsschädlich für Sittiche:
➤ Avocado, Dieffenbachie, Efeu, Eibe, Fingerhut, Gartenwolfsmilch, Lobelie, Lorbeerbaum, Misteln, Rittersporn, Sonnenwend-Wolfsmilch, Stechpalme, Weihnachtsstern.

CHECKLISTE

Mehr Spaß beim Füttern

Fitness-Training
✓ Körner oder Hirse in mehreren Schalen anbieten, häufig die Futterplätze wechseln, damit die Vögel suchen müssen.

Schnabelgerecht
✓ Obst und Gemüse zerteilen, Grünfutter unter warmem Wasser abwaschen.

Zahnersatz
✓ Der quarzhaltige Grit erleichtert das Zermahlen der Samenhülsen.

Wühlmäuse
✓ Erde im Blumenkasten verteilen und Sittiche mit Hirsekolben anlocken. Bald beginnen sie die Erde zu durchwühlen.

Das Einmaleins der Sittichpflege

Sauberkeit ist eine Grundvoraussetzung, um die Wellensittiche vor Krankheiten zu schützen. Bei ihrer Körperpflege brauchen die kleinen Papageien meist nur wenig Assistenz, weil sie das Gefieder mit Ausdauer und Leidenschaft putzen. Die regelmäßige, gründliche Reinigung von Käfig und Ausstattung gehört jedoch zum Pflichtprogramm des Besitzers.

Gepflegt vom Schnabel bis zu den Krallen

Wellensittiche sind pflegeleicht. Man muss sie weder bürsten, kämmen noch waschen. Achten sollten Sie aber auf folgende Punkte:
Schnabel: Ein zu langer Schnabel stellt eine Qual für den Vogel dar. Kürzen ist immer Sache des Tierarztes. Wenn Sie Ihren Vögeln regelmäßig Äste, Zweige und Vierkanthölzer zum Schnabelwetzen anbieten, wird der Schnabel auf natürliche Weise kurz gehalten.
Krallen: Lassen Sie sich das Kürzen zu langer Krallen vom Tierarzt zeigen. Sitzstangen aus Naturzweigen verschiedener Stärke sorgen dafür, dass die Krallen kurz bleiben.
Gefieder: Eine Regendusche befreit die Haut von Staub und Schmutz und sorgt dafür, dass das Federkleid gesund und schön bleibt. Für die meisten Wellensittiche ist das Bad unter freiem Himmel ein aufregendes Erlebnis. Futterschalen und Kalkstein entfernen und den Käfig für etwa 15 Minuten in den Regen stellen. Die Dusche mit der Blumenspritze ist kein Ersatz dafür. Danach den Käfig in einen zugfreien und warmen Raum stellen.

Hausputz muss sein

Einmal wöchentlich muss die Unterkunft Ihrer Wellensittiche gründlich gereinigt werden. Während der Putzaktion genießen die Bewohner ihren Freiflug, das erleichtert Ihnen

> *Wasserspiele und Körperpflege: Bei Bad oder Dusche wird das Gefieder des Wellensittichs von Schmutz und Staub befreit.*

Fit-und-gesund-Programm
DAS EINMALEINS DER SITTICHPFLEGE

selbst die Arbeit und die Tiere werden nicht durch das Hantieren im Käfig geängstigt. Bei mir hat sich folgende Reinigungsprozedur bewährt:

➤ Sitzstangen, Spielzeug, Futter- und Trinkgefäße herausnehmen und unter heißem Wasser abspülen. Nur wirklich heißes Wasser tötet mögliche Krankheitskeime ab! Verwenden Sie bitte keine Spülmittel oder chemischen Reinigungsmittel!

➤ Angetrocknete Kotreste müssen gründlich entfernt werden.

➤ Vogelsand immer vollständig erneuern. Das ist wichtig, weil die Wellensittiche Mineralien aus dem Sand picken. In meiner Voliere wird daraus jedes Mal wieder ein tolles Schauspiel: Schon beim Einstreuen sind alle voller Aufmerksamkeit dabei. Danach fliegt die Truppe auf den Boden und trippelt begeistert über den frischen Sand.

➤ Alle vier Wochen Käfig unter heißem Wasser abbrausen, ähnlich einem Auto in der Waschstraße.

➤ Futterreste (vor allem von Obst und Salat) möglichst bald entfernen, weil sie einen idealen Nährboden für Pilze und Bakterien darstellen.

Picobello

Immer sauber, immer gepflegt: Der Schnabel dient dem Wellensittich als Vielzweckreinigungsgerät, mit dem er jedes Federchen seines schönen Gefieders perfekt in Schuss hält.

Pflegedienst

Vögel, die sich gut kennen und einander vertrauen, putzen sich regelmäßig und mit großer Ausdauer gegenseitig das Gefieder. Das liebevolle Beknabbern des Partners ist gleichzeitig auch ein wunderbarer Beweis von Zuneigung und Liebe.

Große Wäsche

Nach jeder Futteraufnahme und jeder Siesta bringt ein Wellensittich sein Gefieder wieder in Ordnung, glättet akribisch die Federn und entfernt Schmutzteilchen und Staub. Vögel, die ihre Körperpflege vernachlässigen, sind fast immer krank.

Akrobatisch

Körperbeherrschung ist Trumpf: Mit akrobatischen Verrenkungen bearbeitet dieser Sittich sein Federkleid. Nur dort, wo er mit seinem Schnabel nicht hinkommen kann, übernehmen die Krallen als Kratzhilfe den Pflegedienst.

So bleibt Ihr Vogel gesund

Wie sein wilder australischer Vetter ist der Wellensittich ein robuster Vogel. Dass er für den Tierarzt dennoch zum schwierigen Patienten wird, liegt an seiner Winzigkeit und dem extrem schnellen Stoffwechsel. Das Herz des Sittichs wiegt nur 0,58 Gramm (das des Menschen 300 Gramm), in seinen Adern fließen sechs Milliliter Blut, nicht mehr als ein Tröpfchen! Und dieses Herz schlägt bei Stress fast 500-mal pro Minute. Wie atemberaubend schnell das ist, merken Sie beim Versuch, mit dem Finger 500-mal in einer Minute auf den Tisch zu klopfen. Die Devise »Vorbeugen ist besser als heilen« zählt daher beim Wellensittich ganz besonders. Beachten Sie bitte folgende Punkte:

► Obwohl Sittiche große Temperaturschwankungen vertragen können, reagieren sie sehr empfindlich auf feuchte Kälte und Zugluft.

► Hygiene muss sein, damit verdorbenes Futter und Kotreste nicht zum Nährboden für Krankheitserreger werden (→ rechte Seite).

► Vögel brauchen Sonne. Die UV-Strahlen des Sonnenlichts regen die Produktion des lebenswichtigen Vitamin D und den Kalziumstoffwechsel an. Das Kalzium wird für den Knochenaufbau und die Bildung der Eischale gebraucht. Stellen Sie den Käfig ab und zu in die Sonne. Und achten Sie darauf, dass Ihre Sonnenanbeter bei Bedarf in den Schatten ausweichen können.

► Bewegung ist wichtig für Leib und Seele. Das gilt ganz besonders für die kleinen Luftakrobaten. Die Flug- bzw. Brustmuskeln des Wellensittichs wiegen so viel wie alle anderen Muskeln zusammen und bringen es auf mehr als 25 Prozent des Körpergewichts. Sie müssen täglich trainiert werden. Die regelmäßige Bewegung stärkt auch das Immunsystem und schützt so vor Krankheiten.

► Einsamkeit macht krank. Sittiche, die einzeln gehalten werden, sind stress- und krankheitsanfälliger als Artgenossen in der Gruppe.

Die wichtigsten Krankheitssymptome

Bei diesen Anzeichen sollten Sie den Sittich umgehend Ihrem Tierarzt vorstellen:

► Wirkt der Vogel schläfrig und inaktiv? Reagiert er scheu und zieht sich zurück?

► Haben sich seine Futtergewohnheiten verändert? Frisst er auffallend weniger?

Nähe schafft Vertrauen: Ihr Vogel sollte Sie »hautnah« kennen.

Fit-und-gesund-Programm
SO BLEIBT IHR VOGEL GESUND

➤ Trinkt er übermäßig oft?
➤ Ist der Kot dünnflüssig und verfärbt? Setzt er weniger Kotbällchen ab?
➤ Sitzt er apathisch und mit aufgeplustertem Gefieder in einer Ecke seines Käfigs?
➤ Hat er Nasenausfluss? Sind seine Augen geschwollen (Erkältungssymptome)?
➤ Würgt er Schleim aus dem Kropf (Verdacht auf Kropfentzündung)?
➤ Ist das Gefieder matt und schuppig (häufig Anzeichen eines Parasitenbefalls)?

➤ Verlockende Dschungelwelt: Der Kräuterkorb mit dem frischen Grün verführt zum Naschen und Spielen.

Die häufigsten Krankheiten auf einen Blick

Symptome	Ursache	Therapie
After verschmiert, Kot breiig oder dünnflüssig.	**Verdauungsstörung.** Auslöser meist Magen-Darm-Entzündung, Infektionen.	Abklärung beim Tierarzt, evtl. Futterumstellung.
Haut an Beinen, Schnabel, und Augen schuppig und verdickt. Juckreiz.	**Gesichtsräude.** Verursacher: Milben, die Gänge in die Haut bohren, aber kein Blut saugen.	Antiparasitäre Behandlung durch Tierarzt, Hygienemaßnahmen.
Nasenausfluss, Niesen (nur selten zu hören).	**Atemwegsinfektion.** Nicht selten auch Bakterien-, Viren- oder Pilzinfektion.	Genaue Diagnose durch Tierarzt wichtig.
Vogel wirkt apathisch, nachts auffallend unruhig.	**Rote Vogelmilbe.** Blutsauger, der Anämie (Blutarmut) verursacht.	Antiparasitäre Behandlung durch Tierarzt.
Weibchen ist teilnahmslos, atmet schwer.	**Legenot.** Ei bleibt stecken, der Vogel ist durch starkes Pressen geschwächt.	Ei muss vom Tierarzt entfernt werden.
Beine verdickt, Zehen umgreifen Sitzstange nicht, Vogel hat Schmerzen.	**»Kusshandstellung«.** Verschiedene Ursachen: Ring zu eng, Nierengicht, Tumor im Bauchraum.	Abklärung durch den Tierarzt und entsprechende Therapie.

➤ Wichtig: Für kleine Lebewesen wie Wellensittiche kann jede Erkrankung gefährlich werden. Deshalb einen kranken Vogel umgehend zum Tierarzt bringen und niemals mit Hausmitteln kurieren.

Die Pflege des kranken Sittichs

Beim ersten Anzeichen einer Erkrankung sollten Sie den Wellensittich in einen Einzelkäfig umsetzen. Das verhindert die Ansteckung anderer Vögel und erleichtert die Beobachtung des kranken Vogels. Eine Bestrahlung mit Infrarotlicht (200 Watt) wirkt

> Alarmsignal: Wenn er apathisch und mit gesträubtem Gefieder dasitzt.

oft Wunder. Die Wärme regt Durchblutung und Stoffwechsel an. Positionieren Sie die Lampe so, dass nur eine Käfighälfte ausgeleuchtet wird. Der Vogel weiß genau, wie viel Wärme ihm gut tut, und weicht bei Bedarf in den kühleren Bereich aus. Stellt sich keine Besserung ein, ist der Tierarzt gefragt. Bringen Sie den Vogel im Käfig zum Tierarzt. Dazu Futter- und Trinkgefäße entfernen und den Käfig in eine Decke einschlagen. Wichtig: Käfig nicht säubern, damit der Arzt Kotproben entnehmen kann.

Mausern ohne Probleme

Nicht wenige Vogelhalter erschrecken, wenn ihr kleiner Freund plötzlich Federn verliert. Kein Grund zur Beunruhigung: Der Sittich ist in der Mauser. Das ist ein natürlicher Vorgang, bei dem alte Federn durch neue ersetzt werden – ähnlich dem Haarwechsel beim Hund. Erwachsene Vögel mausern einmal jährlich, Jungvögel ab dem 3. Lebensmonat. Anders als bei vielen Wildvögeln ist die Mauser des Wellensittichs nicht an Jahreszeiten gebunden, auch mehrmaliger Federwechsel in einem Jahr kommt vor. Gesunde Sittiche haben damit keine Probleme, sie putzen sich nur häufiger. Erleichtern kann man ihnen die Prozedur mit »Mauserhilfe«, einem kalzium- und phosphatreichen Präparat aus dem Zoohandel.

> **TIPP**
>
> ### Früherkennung und Schutz vor Krankheit
>
> ► Durchfall: Inspizieren Sie regelmäßig den After. Ist er verklebt ist, hat der Vogel Verdauungsprobleme.
>
> ► Wärme hilft heilen: Infrarotlicht stabilisiert den Kreislauf und regt den Stoffwechsel an.
>
> ► Vorbeugen: Achten Sie auf frisches Futter und sauberes Wasser. Das schützt den Wellensittich auch vor Kropfentzündung durch Trichomonaden (Einzeller).
>
> ► Körperkontrolle: Achten Sie auf Geschwülste und Tumoren. Sie kommen bei Wellensittichen leider relativ häufig vor.

Fit-und-gesund-Programm
DIE PFLEGE DES KRANKEN SITTICHS

▶ *Aerobic für Wellensittiche: Nach jedem Schlaf streckt und reckt sich der kleine Papagei, um sich wieder fit zu machen und den Kreislauf in Schwung zu bringen.*

Fürsorge im Alter

Bei gesunder Ernährung und ausreichender Bewegung werden Wellensittiche 14 bis 16 Jahre alt. Alterssymptome stellen sich ab dem 12. Lebensjahr ein. Das ist typisch:

▶ Die blaue Nasenhaut des Männchens verfärbt sich bräunlich.
▶ Die Begeisterung fürs Fliegen nimmt deutlich ab.
▶ Wichtig ist jetzt die vertraute Umgebung: Bieten Sie Ihrem Wellensittich Futter und Wasser immer am gleichen Platz an.
▶ Ruhen und Dösen bestimmen den Tag, nur unterbrochen vom Turteln und Schnäbeln mit dem Partner.
▶ Sittich-Senioren sitzen am liebsten in der Sonne und genießen die Wärme.
▶ Die Paarbindung bleibt auch im Alter bestehen, oft bis zum Tod. Diese engen Bindungen sind typisch für Tiere in Menschenhand, im Freiland gibt es sie nur selten.
▶ Die Nahrungsgewohnheiten verändern sich im Alter kaum, eventuell lässt die Vorliebe für Grünfutter nach.
▶ Ältere Sittiche singen seltener als jüngere Vögel.
▶ Typische Alterserkrankungen gibt es beim Sittich nicht.
▶ Nach meinen Beobachtungen führen Wellensittiche keinen langen Todeskampf: Kurz vor ihrem Ende steigen sie von der Sitzstange auf den Boden hinab, setzen sich meist in eine geschützte Ecke und schlafen friedlich ein.
▶ Vom Tierarzt einschläfern lassen muss man nur einen Wellensittich, der an einer schweren Krankheit, etwa einem Tumor, leidet.

Fragen rund um Ernährung und Pflege

❓ Wie viel Körnerfutter braucht ein Wellensittich, um satt zu werden?
Der tägliche Futterbedarf eines Vogels hängt von der Umgebungstemperatur ab. Bei Kälte braucht er am meisten. An manchen Tagen nimmt ein Wellensittich nur zwei, an anderen 20 Gramm auf. Im Durchschnitt sind es etwa sechs Gramm. Zum Vergleich: Ein 80 Kilo schwerer Mensch müsste entsprechend täglich bis zu zwölf Kilo Nahrung verputzen! Wichtige Faustregel bei der Vogelfütterung: immer Futter im Überschuss anbieten.

❓ Unser Sittich holt sich Futterbröckchen von den Lippen der Kinder. Ist das ein Gesundheitsrisiko?
Das Risiko einer Krankheitsübertragung ist heutzutage minimal. Trotzdem gilt: Hände waschen nach Kontakt mit Tieren, nicht ablecken lassen und natürlich kein Futter von den Lippen.

❓ Mein junger Sittich hat alle seine Schwanz- und Schwungfedern verloren und kann nicht mehr fliegen. Kann man ihm helfen?
Ihr Vogel leidet an der »Französischen Mauser«, einer schwer heilbaren Krankheit. Sie wird wahrscheinlich von einem Virus verursacht, aber geklärt ist das nicht. Sprechen Sie mit Ihrem Tierarzt.

❓ Leider kann ich mich im Moment nur wenig um meinen Vogel kümmern. Jetzt rupft er sich die Federn aus. Ist das gefährlich?
Ihrem Wellensittich ist es langweilig und darunter leidet er. Geben Sie ihm möglichst schnell einen Partner, sonst wird das Federrupfen zur Neurose und ist dann kaum noch heilbar.

❓ Mein Sittich-Duo verweigert Grünfutter. Kann das zu Mangelerscheinungen führen?
Wellensittiche kommen auch ohne Grünfutter zurecht, aber gesund ist das auf Dauer nicht. Überlisten Sie die Verweigerer: Kein Vogel kann

Mahlzeit: Am Futterplatz geht's friedlich zu. Streit um Leckerbissen gibt's nur selten.

Fit-und-gesund-Programm
FRAGEN RUND UM ERNÄHRUNG UND PFLEGE

Zweigen widerstehen, er muss sie einfach benagen. Spießen Sie Karotten, anderes Gemüse und Obst auf den Zweigen auf. Ich wette, das Angebot wird sofort akzeptiert.

? Sandpapier auf dem Käfigboden macht viel weniger Arbeit als Sand. Ist das in Ordnung?
Die kleine Mühe, regelmäßig den Vogelsand zu erneuern, sollten Sie sich auf jeden Fall machen. Sandpapier befriedigt die angeborenen Bedürfnisse der Sittiche nämlich nicht: Sie wollen und müssen auf dem Boden picken.

? Bei meinem betagten Sittichmann hat sich die Nasenhaut braun verfärbt. Ist der Vogel krank?
Keineswegs, im Alter werden beim Wellensittich nur mehr weibliche Hormone gebildet. Und die rufen den Farbwechsel der Nasenhaut von Blau nach Braun hervor.

? Mein Sittich ist zwölf und kerngesund. Soll ich ihm Seniorenkost geben?
Meine Vögel erhalten zeitlebens den gleichen Futtercocktail und ich habe beste Erfahrungen damit gemacht.

? Sobald sich meine Wellensittiche schütteln, bilden sich richtige Staubwolken. Was soll ich tun?
Stellen Sie den Käfig für eine Viertelstunde in den Regen. Die Regentropfen sind ein echter Gesundbrunnen und eine ideale Bio-Massage dazu.

? Mein Vogel hält sich nur mit Mühe auf der Stange, seine Krallen sind zu lang. Muss ich sie schneiden?
Unbedingt, sonst können sie in den Fuß wachsen, was sehr schmerzhaft ist. Lassen Sie sich die Technik vom Tierarzt zeigen. Und ersetzen Sie die Kunststoffstangen durch Naturzweige mit unterschiedlichem Durchmesser.

? Vor drei Monaten kürzte der Tierarzt den Oberschnabel meines Sittichs. Trotz Knabberkost wächst der Schnabel schon wieder. Ist das normal?
Bei einigen Wellensittichen wächst der Schnabel unkontrolliert. Das ist ein Erbgutdefekt. Ums regelmäßige Kürzen kommt man leider nicht herum. Ihr Tierarzt zeigt Ihnen die nötigen Handgriffe, damit Sie nicht ständig in die Praxis müssen.

MEINE TIPPS FÜR SIE

Immanuel Birmelin

Wellness für den Wellensittich

► Auch älteren Vögeln muss man den täglichen Freiflug verordnen – selbst wenn sie bisweilen faul sind. Das Muskeltraining ist wichtig und hält sie länger fit.

► Bieten Sie Ihren Sittichen frische Erde an. Und bitte auswechseln, wenn sie verschmutzt ist. Aber keine Angst vor Krankheitserregern: Die Natur ist auch nicht steril.

► Gönnen Sie den Vögeln regelmäßig Sonne und ein ausgiebiges Bad im Regen.

► Ein Badehäuschen gehört in jeden Käfig, selbst wenn nicht jeder Sittich in die Wanne geht.

► Auch im Winter genießen Sittiche gerne die Frischluft im Freien. Wenn sie dann ihr Gefieder aufplustern, geht es wieder ins warme Zimmer zurück.

► Essenszeit ist für Sittiche morgens und abends. Dabei schadet Bewegung nicht: Schicken Sie Ihre Vögel auf Futtersuche.

Beschäftigungs-Programm

Lernen und Spielen	Seite 50–53
Freiflug ohne Risiko	Seite 54–55
Urlaubs-Sitter	Seite 55
Special »Frage & Antwort«	Seite 56–57

Lernen und Spielen

Wellensittiche gehören zu den intelligentesten Vögeln. Und sie lernen unglaublich schnell. Einige verzaubern als Zirkusartisten das Publikum mit erstaunlichen Vorführungen, ziehen kleine Wagen mit einer bunten Gesellschaft ihrer Artgenossen, klettern in Windeseile auf Leitern oder machen auf Wunsch perfekte Punktlandungen. So viel Können und Akrobatik setzt täglichen Unterricht mit einem erfahrenen Trainer voraus. Selbst wenn Sie dazu zeitlich nicht in der Lage sind, können auch Sie Ihre Vögel mit Fingerspitzengefühl und etwas Geduld zu verblüffenden Leistungen animieren.

Verführung zum Lernen

Dressur ist nicht gleich Dressur: Was bei Hunden mit Lob und Tadel Erfolg verspricht, funktioniert bei Vögeln nicht. Wellensittiche muss man zum Lernen verführen. Das geht nur, wenn man ihre Aufmerksamkeit fesselt. Beispiel Anflugübung: Ihr Vogel soll auf Zuruf zu Ihnen fliegen. Hört sich einfach an, verlangt aber viel Einfühlungsvermögen. Trainieren Sie nur mit einem Vogel, sonst ist die Ablenkung zu groß. Stellen Sie sich mit einem Leckerbissen zwei Meter vor ihm auf. Rufen Sie mit leiser Stimme seinen Namen und schnalzen Sie mit der Zunge, um ihn neugierig zu machen. Sieht er Sie an, gehen Sie langsam auf ihn zu und halten ihm den

> Verspielt: Abc-Schützenspaß mit einem Buch und Lesezeichen.

CHECKLISTE

So lernt Ihr Vogel am besten

Schule am Morgen
✓ Setzen Sie Lernübungen nur dann an, wenn Ihr Vogel munter und hellwach ist. Das ist meist am Morgen und Abend der Fall und immer dann, wenn er neugierig seine Welt erforscht.

Einzelunterricht
✓ Solo lernt es sich besser, dann konzentriert sich der Sittich nur auf Sie.

Kurzzeit-Training
✓ Mehrere kurze Übungen von jeweils höchstens zehn Minuten bringen mehr als eine lange Schulstunde. Bei Tieren lässt die Aufmerksamkeit schnell nach.

Zwanglos
✓ Üben sie niemals Zwang aus und überfordern Sie Ihre gefiederten Freunde nicht. Sonst spielen sie nicht mehr mit.

Wissensdurst
✓ Voller Bauch studiert nicht gern: Leicht hungrig lernt ein Vogel besser und lässt sich durch Leckerbissen motivieren.

Sanft und leise
✓ Während der Übungen sollten Sie mit sanfter und gedämpfter Stimme sprechen und jede hastige Bewegung vermeiden.

Beschäftigungs-Programm
LERNEN UND SPIELEN

1 Fitness-Kur
Wer spielt, bleibt munter und gesund: Die Beschäftigung mit Gegenständen, die sich zum Spielen eignen, schützt den Wellensittich vor Langeweile und hält ihn körperlich fit. Ein Stückchen Papier, das raschelt und mit dem Schnabel zerfleddert werden kann, ist da genau nach seinem Geschmack.

2 Ballkünstler
Ein Lieblingsspielzeug für jeden: Auch bei Wellensittichen sind die Geschmäcker verschieden, aber mit einem Ball spielen alle gern. Ganz besonders mit dem Gitterball, den man mit dem Schnabel wunderbar packen, hochheben und wieder fallen lassen kann. Und das am besten stundenlang.

Leckerbissen hin. Der Flugschüler wird der Versuchung nicht widerstehen und landet auf dem verlockenden Futterangebot. Aktion wiederholen und Anflugdistanz langsam vergrößern. Bald fliegt der Sittich Sie auch an, wenn Sie nur seinen Namen rufen.

Von wegen Spatzen-Hirn!
In die »Vogelschule« werden nur handzahme Sittiche aufgenommen. Handzahm bedeutet jedoch nicht, dass Sie den Wellensittich mit der Hand umklammern können.

Dabei gerät nämlich sogar der vertrauteste Vogel in Panik. Hat ein Sittich seine Übung gelernt, wird er ganz von selbst zum Lehrer seiner Artgenossen. Ihre Starthilfe braucht es nicht mehr, die Truppe lernt durch Beobachten. Hat einer den Bogen mit dem Anschubsen eines Spielzeugautos heraus, darf man sicher sein, dass es ihm die anderen bald gleich tun. In freier Natur sichern genaues Beobachten und Nachahmen den Vögeln oft genug das Überleben und ersparen riskante Solo-Experimente.

Wer ein gutes Gedächtnis hat, lernt leichter. Das Erinnerungsvermögen der Wellensittiche ist fabelhaft. Ich habe selbst erlebt, wie ein Vogel seinen ehemaligen Besitzer nach über vierjähriger Trennung sofort erkannte und ihm das alte Lieblingslied vorträllerte. Das ist kein Einzelfall. Die wissenschaftliche Analyse des Sittich-Gedächtnisses steht meines Wissens leider immer noch aus. Was eigentlich unverständlich ist, weil man mit den redegewandten Schülern ja ganz schnell ins Gespräch kommen kann.

Spielerisch läuft's wie von selbst

Nicht wenige Menschen betrachten Spielen als eine Form des Müßiggangs. Im Tierreich sieht das anders aus: Wer spielt, beweist seine Intelligenz. Das Spiel ist für Tiere alles andere als Luxus und bloßer Zeitvertreib.

Fitness-Test: Im Spiel testen und trainieren die Vögel gefahrlos Fitness und Koordination, Verhaltensweisen und Strategien für den »Ernstfall«.

Speziell für Jungtiere ist das Spiel eine wichtige Investition in ihre sichere Zukunft. Die mit Abstand größten Spieler unter den Vögeln sind die Papageien und Rabenvögel. Erwachsene Wellensittiche spielen in freier Natur nie, dafür bleibt offensichtlich im täglichen Kampf ums Überleben keine Zeit. Die aber haben sie in der Obhut des Menschen. Daher sind Spielen und Lernen die absoluten Highlights ihres Tages.

Lieblingsspielzeug: Wellensittiche spielen nur selten miteinander, ihr Interesse gilt meist einem bestimmten Spielzeug. Dem widmen sie sich dann mit viel Ausdauer. Über Stunden kann ein murmelspielender Vogel seine Lieblingsobjekte immer wieder mit dem Schnabel gegeneinander stoßen und sich am Rollen und den Klackgeräuschen begeistern.

Wasserspiele: Mein Geheimtipp ist Wasserball. Als Ball eignet sich zum Beispiel eine Weintraube. Die schwimmt in einer kleinen, wassergefüllten Plastikwanne. Der Wasserstand darf höchstens drei Zentimeter betragen. Die Mutigen steigen sofort ins Wasser und spielen mit der Frucht, ängstlichere Naturen versuchen das schwimmende Objekt vom sicheren Wannenrand aus zu angeln.

Wunderbarer Gitterball: Ballspiele sind auch außerhalb des Wassers gefragt. Ideal ist ein Plastikgitterball (→ Foto Seite 51). Mit ihm kann man wunderbar auf der Handfläche des vertrauten Menschen spielen, kann ihn mit dem Schnabel hochheben und wieder fallen lassen.

Glocken läuten: Als Solo-Spiel geeignet ist das beliebte Glockenspiel. Einfach ein Glöckchen in den Vogelbaum hängen und eine Schnur an den Klöppel binden. Ich gebe Ihnen Brief und Siegel, dass auch Ihr Sittich zum Glöckner geboren ist.

Schaukel ist Pflicht: Selbstverständlich gehört eine Schaukel zur Grundausstattung des Vogelkäfigs. Genau so viel Anerkennung findet auch ein Ast, der an einer Schnur aufgehängt ist.

Verstecken macht Spaß: Beim Versteckspielen schließlich haben Sie die ganze Vogelschar sofort auf Ihrer Seite und erzielen nebenbei kleine Lernerfolge. Dazu brauchen Sie zwei Schälchen, die sich in Form und Farbe

> Seiltänzerin: Knoten dienen zum Ausschaukeln und Ausschauhalten.

Beschäftigungs-Programm
LERNEN UND SPIELEN

unterscheiden. In das eine Wasser einfüllen, ins andere Hirse. Dann die Schalen mit Pappscheiben abdecken. Die Wellensittiche lernen im Handumdrehen, wo die leckere Kost versteckt ist, und schubsen ganz gezielt den Pappdeckel von der Hirseschale. Dabei machen übrigens meist die Männer das Rennen: Sittichmännchen sind neugieriger und erfindungsreicher als ihre weiblichen Partner und in der Regel auch die besseren Spieler.

> *Große Inspektion: Wellensittiche sind extrem neugierig und interessieren sich für jeden unbekannten Gegenstand.*

Das schönste Spielzeug für Ihre Wellensittiche

	Material und Bauweise	Spielspaß
Wippe	Im Fachhandel; kann man mit Holzbrett und Ast als Drehpunkt auch selbst basteln.	Sittiche lieben die Wippe und testen ihren Gleichgewichtssinn.
Kletterbaum	Äste in sandgefüllten Blumentopf stecken, mit Zweigen verbinden, Objekte anbringen.	Idealer Spiel- und Turnplatz und beliebter Aussichtspunkt.
Kletterseil	Hanfseile mit mehreren Knoten versehen, in Käfig und Zimmer anbringen.	Das richtige Spielzeug zum Klettern, Hangeln und Schwingen.
Schaukel	Bügel mit Kette am Käfiggitter befestigen. Schon einfache Modelle sind geeignet.	Bringen Sie mehrere Schaukeln an. Das vermeidet Streitereien.
Ball	Papierknäuel, Murmel, Gitterball. Der Ball darf nicht zu klein sein.	Viele Wellensittiche hüten den Lieblingsball wie ihren Augapfel.
Reisigbündel	Etwa 20 cm lange Zweige zusammenbinden und im Freiflugzimmer aufhängen.	Beliebt als Zwischenlandeplätze und Knabberstellen.
Wasserspiele	Flache Plastikwanne etwa 3 cm hoch mit Wasser füllen und Plastikbällchen oder Weintraube hineinlegen.	Die Vögel spielen im Wasser oder versuchen den Ball vom Rand aus mit dem Schnabel zu angeln.

Freiflug ohne Risiko

Vor Jahrmillionen sind die Vögel in die Luft gegangen. Ihr extrem leichter Körper ist perfekt an diese Lebensweise angepasst: Die Knochen sind mit Luft gefüllt und neben einer leistungsfähigen Lunge gibt es noch große Luftsäcke. Allein die Vögel haben die

► *Zweigstelle: Zimmerpflanzen sind ideal für Zwischenlandungen.*

Feder »erfunden«: Sie ist speziell fürs Fliegen konstruiert – leichtgewichtig und dabei doch außerordentlich widerstandsfähig und belastbar.

Verführung zum Fliegen

Nur wenige Sittichhalter wissen, was in ihren Lieblingen steckt: Die wilden Vettern im australischen Busch sind mit 120 Stundenkilometern fast so schnell wie Schwalben und echte Akrobaten der Lüfte. Zur artgerechten Haltung des Wellensittichs gehört daher der Freiflug im Zimmer. Neu eingezogene Sittiche bleiben oft lieber im sicheren Käfig. Machen Sie ihnen die Freiheit mit Leckerbissen auf der offenen Käfigtür schmackhaft. Mit einem Partner lässt sich die fremde neue Welt viel leichter entdecken. Dabei macht ein Sittich dem anderen Mut. Falls es mit der Rückkehr in den Käfig trotzdem noch nicht klappt, hilft auch hier ein verlockender Hirsekolben auf der Käfigtür. Versuchen Sie bitte nie, die Vögel mit der Hand zu fangen! Selbst wenn Sie Erfolg haben, sitzt der Schreck bei Ihren Sittichen so tief, dass es lange braucht, bis sie wieder Vertrauen zu Ihnen fassen.

Sicheres Fluggelände

Vor dem ersten Flug muss das Zimmer vogelsicher gemacht werden. Das ist wichtig:
► Alle Türen und Fenster schließen, das gilt besonders für Kippfenster.
► Spitze Objekte entfernen. Messer und Rasierklingen, die

> **TIPP**
>
> **So machen die Fluglektionen Spaß**
> ► Je früher ein junger Wellensittich frei fliegen darf, desto leichter kommt er zurecht.
> ► Verändern Sie die Einrichtung während der ersten Freiflüge nicht, bis der Vogel mit allem vertraut ist.
> ► Nur einen handzahmen Vogel können Sie problemlos in den Käfig zurücksetzen.
> ► Beim Freiflug haben andere Haustiere Zimmerverbot.
> ► Will der Sittich nicht in den Käfig, mit Leckerbissen auf der Käfigtür anlocken. Nie mit der Hand einfangen.

Beschäftigungs-Programm
FREIFLUG OHNE RISIKO

> *Ein Sittich kommt selten allein: Auch beim Freiflug suchen die geselligen Vögel immer wieder die Nähe ihrer Artgenossen.*

das Licht reflektieren, verleiten schnell zum Knabbern.
➤ Elektrogeräte (Toaster, Föhn, Herd, Kochfelder) ausschalten. Offenes Feuer (Kerzen, Kamin) ist absolut tabu.
➤ Chemikalien, Medikamente und Tabletten wegräumen.
➤ Spalten (Schränke, Regale) abdecken, die Sittiche zum Hineinklettern verführen. Oft können sie sich aus eigener Kraft nicht mehr befreien.

Urlaubs-Sitter

Wellensittiche sollten nicht mit auf Reisen gehen. Unbekannte Geräusche versetzen sie in Angst und Schrecken. Bitten Sie Freunde, die Betreuung zu übernehmen. Die Einweisung ist wichtig: Wann und wie oft füttern? Brauchen die Vögel eine spezielle Versorgung (Mineralstoffe, Vitamine, Medizin)? Wann muss der Käfig gereinigt werden? Gibt es die Erlaubnis zum Freiflug? Wer leistet Hilfe im Notfall? Findet sich kein Vogelfreund, ist Ihr Zoofachhändler die richtige Anlaufstelle und nimmt die Wellensittiche in Pension. Hinterlassen Sie auf jeden Fall Ihre Urlaubsadresse und die Telefonnummer des Tierarztes.

CHECKLISTE

Spielerisch Vertrauen schaffen

Fit und fröhlich
✔ Trainieren Sie nur mit gesunden Vögeln. Stoppen Sie die Übung, wenn ein Schüler unaufmerksam ist.

Einzelunterricht
✔ Außerhalb des Käfigs ist ein Sittich lernwilliger und nicht so leicht ablenkbar.

Spiel ohne Risiko
✔ Prüfen Sie Spielzeug auf Eignung. Gefährlich sind scharfe Kanten, Weichgummi, Farbüberzüge und zu kleine Objekte.

Nähe schafft Vertrauen
✔ Reservieren Sie täglich mindestens eine halbe Stunde für das Zwiegespräch mit Ihrem Vogel.

Fragen rund ums Lernen und Spielen

❓ Woran erkennt man, ob Wellensittiche zum Spielen aufgelegt sind?
Ein »Spielgesicht« haben Wellensittiche nicht. Ihre Signale sind unauffälliger: Manche fliegen ihren Besitzer wiederholt an, andere machen erst mit, wenn man Murmel oder Papierkugel rollt. Tiere spielen nur, wenn sie sich vollkommen sicher fühlen.

❓ Mein Sittich pickt das Metallgehäuse vom Radio an und nickt mit dem Kopf. Hat er einen Vogel?
Ganz bestimmt nicht: Ihr Sittich sieht sein Spiegelbild und hält es für eine Partnerin. Vor allem bei allein gehaltenen Vögeln tritt diese Verhaltensweise häufig auf, bei Tieren in einer Gruppe nur selten.

❓ Gibt es bei Spiel und Beschäftigung Unterschiede zwischen Sittichweibchen und -männchen?
Wellensittichmänner sind Spieler aus Leidenschaft, erwachsene Weibchen kommen seltener in Spiellaune. Für neues Spielzeug interessieren sich die Männchen zuerst, die Damen sind offensichtlich stärker aufs Zuchtgeschäft programmiert.

❓ Bei meinen Vögeln steht der Schnabel nie still. Nur sprechen wollen sie partout nicht. Wie packe ich einen erfolgversprechenden »Sprachkurs« an?
Offen gesagt: am besten gar nicht. Denn eigentlich interessieren sich Wellensittiche für unsere Sprache nur bei Einzelhaltung, um nicht völlig zu vereinsamen. Leben mehrere Vögel zusammen, unterhalten sie sich in ihrer arteigenen Sprache.

❓ Jeder unserer Vögel hat sein Lieblingsspielzeug, mit dem er sich oft beschäftigt. Nur miteinander spielen sie nie. Warum nicht?
Spielerische Sozialkontakte pflegen Wellensittiche kaum. Das Spiel mit Objekten hat für sie Vorrang. Nur bei jungen Vögeln kann man ab und zu wilde Verfolgungsjagden beobachten.

> *Dass Sittiche auch in Schwärmen handzahm werden, liegt auf der Hand.*

Beschäftigungs-Programm
FRAGEN RUND UMS LERNEN UND SPIELEN

❓ Ich habe vier Wellensittiche. Drei verhalten sich völlig normal, nur einer tanzt aus der Reihe. Er hängt beim Schlafen immer mit dem Kopf nach unten. Ist das in Ordnung?

Auch Vögel sind Individualisten. Das kommt manchmal eben auch in unterschiedlichen Schlafstellungen zum Ausdruck. Bei meinen Tieren habe ich die Kopf-unter-Position mehrfach beobachtet und alle diese Vögel waren seelisch und körperlich absolut gesund. Also kein Grund zur Besorgnis.

❓ Soll ich meine Sittiche einzeln oder gemeinsam in der Gruppe trainieren, um ihnen bestimmte Aufgaben beizubringen?

Die ersten Lernschritte macht ein Vogel am besten alleine. Er ist dann wesentlich konzentrierter und wird nicht von den Artgenossen abgelenkt. Hat er das kleine Einmaleins begriffen, hängt die Größe der Schulklasse von den Aufgaben ab. Ist zum Beispiel die Landung auf der Schulter des Menschen das Ausbildungsziel, lernen die Wellensittiche sehr schnell durch genaues Beobachten und Nachahmen der Schüler, die das Lernziel bereits begriffen haben.

❓ Worauf müssen Kinder beim Spiel mit einem Wellensittich achten?

So schwer es auch manchmal fällt: Im Spiel mit dem kleinen Vögeln müssen Kinder vor allem Zurückhaltung lernen. Nicht sie, sondern der Sittich gibt den Spielrhythmus an. Für handfeste Spiele eignen sich Hund und Katze, beim Wellensittich geht es eher darum, sein Verhalten und seine Reaktionen zu beobachten. Die Kinder dürfen ihm Spielzeug anbieten oder in Bewegung versetzen (Gitterball oder Murmel zum Beispiel), sollten dann aber abwarten, was er damit anstellt.

❓ Wie erkenne ich, ob ich meinen Vogel mit einer Aufgabe überfordere?

Bei einem Sittich, der nicht mehr richtig bei der Sache ist, häufen sich Fehler und Verweigerungen. Die Spielstunde spätestens dann beenden, wenn auch ein Leckerbissen keinen Anreiz mehr bietet. Und tadeln Sie Ihren »Spielverweigerer« bitte nicht.

MEINE TIPPS FÜR SIE

Immanuel Birmelin

Weggeflogen! Was nun?

▶ Weil sie die Umgebung nicht kennen, finden entflogene Sittiche selten zurück. Stellen Sie den Käfig mit Ihren Vögeln regelmäßig ins Freie, damit sie sich markante Punkte von Haus und Garten einprägen.

▶ Vögel, die an die Geräuschkulisse im Freien gewöhnt sind, geraten nicht so schnell in Panik wie reine Stubenvögel.

▶ Platzieren Sie den Käfig mit dem Vogelpartner an einer vertrauten und gut einsehbaren Stelle im Freien. So kann ein Ausreißer oft zur Rückkehr bewegt werden.

▶ Bleiben Sie in der Nähe des Vogelkäfigs und tragen Sie Kleidung, die der entflogene Vogel kennt.

▶ Strecken Sie ihm die flache Hand mit einem Leckerbissen entgegen, sobald er wieder in Sichtweite ist, und rufen Sie ihn beim Namen.

Halbfett gesetzte Seitenzahlen verweisen auf Abbildungen, **U** = Umschlag.

A
After	11
Alleinsein	7
Allergie	6
Alterserscheinungen	45
Anpassung	7
Ansteckung	11
Apathie	43
Atemwegsinfektion	43
Augen	11, 25
– Irisring	11
Ausstattung	12, 17
Australien	7, **7**
Auswahl des Vogels	6

B
Badehäuschen	15, 47
Balz	4, **4**, 27, **31**, 32, 56
Balztanz	30
Baumhöhle	7, **31**
Beine	11
Beringung	10, 60
Beschäftigung	**48**, 50, 52
Bewegungsbedarf	13, 42
Brüten	7, 30, 32
– Bruthöhle	10, 31, **31**
Brutkasten	31, 32
Brutstimmung	30, 32

D
Dusche	6, 40

E
Eier, Ausbrüten	30
– befruchtete	30
– Schlupfhilfe	31
Eiertest	30
Eischale	42
Eingewöhnen	20, **21**, 22, **22**, **23**, 33
Einklemmen in Spalten	12
Einsamkeit	42
Einschläfern	45
Erkältung	11

E
Ernährung	36
– Fertigfutter	36, 37
– Fleisch	38
– Grünfutter	38, 46
– im Alter	45
– Körnerfutter	46
– Mineralien	38
– Obst und Gemüse	38
– selbst zubereitet	37
Ertrinken	12

F
Farbschläge	8, **8**, 9, **9**
Federn	7, 11, 24
Federrupfen	46
Fenster, Verletzungsgefahr	15
Fertigfutter, Verfallsdatum	37
Fitness-Test	52
Flügel	11
Flugkünstler	11
Flugtraining	54
Flugzimmer	
– vogelsicher machen	54
Französische Mauser	46
Freiflug	**3**, 6, 14, 15, 22, 33, 40, 47, 54, 54, **55**
Frischluft	47
Fußpflege	30
Fußring	10, 60
Futterbedarf	10
Futtersuche	**25, 26, 27, 32**
Fütterung	14
– Reste entfernen	41
– Termine	47
Fütterungsregeln	36, 39

G
Gedächtnis	50
Gefahren	39
Gefieder	11, 24, **24**, 40
– mattes	49
Gefiederpflege	24, **24**, 27, 41, **41**
Gefiederstaub	7, 40, 47
Geschlechtsbestimmung	16, 56
Gesichtsräude	43
Gesundheitskontrolle	11
Giftige Zimmerpflanzen	39
Grundbedürfnisse	6

Grundnahrung	36
Grünfutter	**20, 27**, 38, **39, 43,** 46, **48**

H
Haltungsbedingungen	10
– paarweise	16
– einzeln	16
Haustiere und Vögel	6, 23, 33
Heimtransport	20
Herzschlag	36, 42
Hirsekolben	14, **16**
Hormone	30, 47

I
Identifikation	
entflogener Vögel	60

J
Jungvögel	11, 16, 31, 44, 46

K
Kämpfen	27
Käfig, Ausstattung	10, 12, 17
-gitter	12, 13
-größe	17
-reinigung	40
-standort	16
Kalziumbedarf	42
Kaufalter	11
Kauf des Vogels	10
Kinder und Wellensittiche	10, 17, 22, 32, 46, 57
Kippfenster	15
Kletterbaum	14, 17, 53
Kletterseil	**12, 52**
Knabbern	**14, 15, 16, U 1**
Kontaktaufnahme	**10, 18,** 20, 24, 33
Körpersprache	16, 20, 24, 26, 27, 30, 33, 45, 46, 47, 56, 57
Körnerfutter	36, 37
Körpertemperatur	36
Kotbällchen	7, 14
Krallen	40
– abwetzen	14
– kürzen	40, 47
Krankheitserreger	42, 43
Krankheitssymptome	42, 43, 44

Anhang
REGISTER

Kropfentzündung 43
»Kusshandstellung« 43

Lärmempfindlichkeit 7
Lautsprache 16, 24, 27, 33, 37, 56
Lebensalter 16
Leckerbissen 14, **16, 20, 34, 37,** 38, 50
Lernen 50, 55, 57

Mauser 44
Mauserhilfe 45
Milben 43

Nachwuchs 10, 30, 31
Nagen 7, 33
Nasenhaut 11, 30, 45, 47
Naturzweige **U 1, 14,** 40
Neugierverhalten 24
Niesen 11

Obst **34, 36,** 41, **46**
Outback 7

Paarbindung **2,** 10, **11,** 26, 45
Paarung 30, **30**
Papageienkrankheit 10
Parasiten 43
Pflege **24, 27, 41,** 40
Pflege des kranken Vogels 44, **44, 45**
Plastikattrappe 13, 17
Plustern 29, **29**

Quarantäne für kranke Vögel 44

Regendusche 6, 40, 47
Ringpflicht 10
Rufen nach Partner 27
Ruheplätze 10

Sauerstoffbedarf 6
Schlafbaum 7
Schlafverhalten 27

Schlupfhilfe 31
Schnabel 11
 – kürzen 47
 – wetzen 40
Schnäbeln **4,** 24, 26, **29, 41,** 45
Schwarmverhalten 6, 22
Senioren und Wellensittiche 17
Singen 16, 24, 27, 45
Sinnesleistungen, Farbsehen 25
 – Gedächtnis 26
 – Hören 26
 – Riechen 25
 – Schmecken 25
 – Sehvermögen 25
 – Vibrationssinn 17, 26
Sittichräude 43
Sitzstangen 11, 13, 27, 41
Sonnenlicht 6, 42, 45, 47
Speisezettel 36
Spiegelbild 14, 17
Spielen **50, 51,** 52, 53, **53,** 56
Spielzeug 13, 21, 52, 53, 55, 56
 – Ball 13, **51,** 52, 53
 – Glocke 13, 52, 53
 – Kletterseil **52,** 53
 – Schaukel 13, 52, 53
 – Wasserball 52, 53
 – Wippe 53
Sprechen 24, 33, 56
Streitlust 10, 26
Stress 23
Stromschlag 12

Tagesrhythmus 21, 33
Temperaturempfindlichkeit 42
Tierarzt 42, 43, 45, 46, 47
Transportkäfig 10, 20, 44
Trinken **13,** 14, **38,** 39
 – übermäßiges 43
Trockenzeit 7

Urlaubsbetreuung 55
UV-Licht 42

Verbrennungen 12
Verdauungsprobleme 11

Verdauungsstörung 43
Vergiftungen 12
Verhalten 11, 26, 27, 57
Verhaltensstörungen 13
Verletzungen 12, 15
Verträglichkeit 10
Vertrauen herstellen **18,** 27, **42**
Vitamin-D-Bedarf 42
Vogelallergie 6
Vogelmilbe 43
Vogelsand 13, 14, 17, 41, 47

Wärmelampe 44
Wasserspender 14, **38**
Wegfliegen 57, 60
Wellensittich, flügger 31
 – Geburtsgewicht 31
 – Gefiederpflege 24, **24,** 27, 41, **41**
 – handzahmer 23, 33, 54, **56**
 – Herzschlag 36, 42
 – im Alter 45, 47
 – Intelligenz 50
 – Pflege 24, 27, 41, 40
 – Pflege des kranken 44, **44,** 45
 – Sterben 45
 – und andere Haustiere 6, 23, 33
Wildvogel 7, **7,** 15, 39
Wohlfühl-Ausstattung 12
Wohlfühl-Signale 24
Wohnung, vogelgerechte 54
Wühlen in Erde 38, 39

Zähmung 10, 11, 22, 23, 33, 51, 56
Zehen 11
Zentralverband Zoologischer Fachbetriebe Deutschlands 60
Zimmerpflanzen 33, 39
Zoohandlung 20, 31, 44
 – Urlaubsbetreuung 55
Zubehör 13, 14, 17
Zugluft 6, 42
Zuwendung 7, 22, 23, 33

59

Adressen

Verbände/Vereine

➤ Vereinigung für Artenschutz, Vogelhaltung und Vogelzucht e.V. (AZ), PF 11 68, 71501 Backnang (nur schriftliche Anfragen), www.azvogelzucht.de

➤ Der Blaue Kreis, Zoologische Gesellschaft Österreichs für Tier- und Artenschutz, Goldschlagstr. 15, 1150 Wien

➤ Deutsche Standard-Wellensittich-Züchtervereinigung e.V. (DSV), Maria Heinrich, Amselweg 1, 97332 Volkach, www.dsv-ev.de

Die aufgeführten Verbände nennen Ihnen gerne die Anschriften von Vogelclubs und -vereinen in Ihrer Nähe. Legen Sie Ihrer schriftlichen Anfrage bitte einen frankierten Rückumschlag bei.

Wellensittiche im Internet

Praxistipps und Informationen zu Pflege, Ernährung und Gesundheit des Wellensittichs, Tierarztlisten, Buchtipps, Adressen von Züchtern, Vereinen und Clubs finden Sie auf:

➤ www.infosittich.de
➤ www.papageien.de
➤ www.sittich.de
➤ www.sittichfreund.de
➤ www.vogeloren.de
➤ www.wellensittich.de

Fragen zur Haltung von Wellensittichen beantworten

Ihr Zoofachhändler und der Zentralverband Zoologischer Fachbetriebe Deutschlands e.V. (ZZF), Rheinstr. 35, 63225 Langen, Tel.: 0 61 03/ 91 07 32 (nur telef. Auskunft möglich), www.zzf.de. *Der ZZF hat einen bundesweiten Suchdienst für entflogene Vögel. Beringte Vögel können anhand der Fußringe identifiziert und ihrem Besitzer zugeordnet werden.*

Bücher

➤ Bielfeld, H.: Wellensittiche. Haltung, Pflege, Ernährung, Zucht. Bassermann Verlag, Niedernhausen

➤ Ebert, U.: Vogelkrankheiten. Verlag M. u. H. Schaper, Hannover

➤ Wolters, A. /Anders, U.: Der Wellensittich. Gräfe und Unzer Verlag, München

Zeitschriften

➤ Gefiederte Welt. Eugen Ulmer Verlag, Stuttgart

➤ Die Voliere. Verlag M. u. H. Schaper, Alfeld

➤ WP-Magazin für Wellensittich- und Papageienhalter. Arndt Verlag, Bretten

➤ AZ Nachrichten für Mitglieder (→ Adressen)

➤ DSV Nachrichten für Mitglieder (→ Adressen)

Dank

Autor und Verlag danken Tierarzt Dr. Peter Hollmann für kritische Durchsicht des Kapitels über Pflege und Gesundheit und viele Anregungen zur Prävention und Therapie von Krankheiten.

AN UNSERE LESER

➤ Gehen Sie mit Ihrem Vogel schon bei den ersten Anzeichen einer Erkrankung zum Tierarzt.

➤ Wer allergisch auf Federn oder Federstaub reagiert, sollte keine Vögel halten. Fragen Sie im Zweifelsfall vor der Anschaffung Ihren Hausarzt.

➤ Suchen Sie bei einer Erkältung Ihren Arzt auf und weisen Sie ihn auf die Vogelhaltung hin.

➤ Verletzungen durch einen Vogel sollten umgehend vom Arzt versorgt werden.

Anhang
ADRESSEN, AUTOR, IMPRESSUM

Der Autor
Dr. Immanuel Birmelin ist Verhaltensbiologe und hält selbst Wellensittiche, Meerschweinchen und Hunde. In der Doktorarbeit untersuchte er das Schlupfhilfeverhalten der Wellensittiche. Gemeinsam mit Volker Arzt hat er viele Fernsehbeiträge über Tiere geschrieben.

Die Fotografen
Anders: Seite 9 u. mi.; Arendt und Schweiger: Seite 7, 30, 31 (alle); Juniors/Wegler: Seite U1, 6, 10, 11, 12, 13 li., re., 22, 48/49, 50, 51 li., re., U4 (alle); Schanz: Seite 8 re., 18/19, 40, 42, 43; Wegler: Seite 21 (alle); O. Giel: alle übrigen Fotos.

❯ GU-Experten-Service
Haben Sie Fragen zu Haltung und Pflege? Dann schreiben Sie uns (bitte Adresse angeben). Unser Experte Dr. Immanuel Birmelin hilft Ihnen gern weiter. Unsere Adresse finden Sie rechts.

Impressum
© 2002 Gräfe und Unzer Verlag GmbH, München. Alle Rechte vorbehalten. Nachdruck, auch auszugsweise, sowie Verbreitung durch Bild, Funk, Fernsehen und Internet, durch fotomechanische Wiedergabe, Tonträger und Datenverarbeitungssysteme jeder Art nur mit schriftlicher Genehmigung des Verlages.
Redaktion: Sibylle Kolb
Lektorat: Dr. Gerd Ludwig
Layout: independent Medien-Design, München
Satz: Uhl + Massopust, Aalen
Produktion: Petra Roth
Repro: Fotolito Longo, Bozen
Druck und Bindung: Kaufmann/Lahr
Printed in Germany
ISBN 3-7742-3839-1

Auflage	6.	5.	4.	3.
Jahr	06	05	04	03

Ein Unternehmen der
GANSKE VERLAGSGRUPPE

Das Original mit Garantie
Ihre Meinung ist uns wichtig. Deshalb möchten wir Ihre Kritik, gerne aber auch Ihr Lob erfahren. Um als führender Ratgeberverlag für Sie noch besser zu werden. Darum: Schreiben Sie uns! Wir freuen uns auf Ihre Post und wünschen Ihnen viel Spaß mit Ihrem GU-Ratgeber.

Unsere Garantie: Sollte ein GU-Ratgeber einmal einen Fehler enthalten, schicken Sie uns das Buch mit einem kleinen Hinweis und der Quittung innerhalb von sechs Monaten nach dem Kauf zurück. Wir tauschen Ihnen den GU-Ratgeber gegen einen anderen zum gleichen oder ähnlichen Thema um.

Ihr Gräfe und Unzer Verlag
Redaktion Heimtier
Stichwort: Tierratgeber
Postfach 86 03 25
81630 München
Fax: 0 89/41 98 11 13
E-Mail:
leserservice@
graefe-und-unzer.de

Meine Wellensittiche

> Namen: _____

So füttere ich sie:

_____

_____

_____

Lieblingsspiele und Spielzeug:

_____

_____

_____

So wollen sie gepflegt werden:

_____

_____

_____

Das sind ihre Eigenheiten:

_____

_____

_____

Besondere Kennzeichen:

_____

_____

_____

Das ist ihr Tierarzt:

_____

_____

_____

GU TIERRATGEBER
damit es Ihrem Heimtier gut geht

ISBN 3-7742-3826-X

ISBN 3-7742-3907-X

ISBN 3-7742-3788-3

ISBN 3-7742-3917-7

ISBN 3-7742-3810-3

Tierisch gut! Die Welt der Heimtiere entdecken und alles erfahren, was man schon immer über sie wissen wollte. So klappt das Miteinander von Anfang an – mit Wohlfühl-Garantie fürs Tier.

WEITERE LIEFERBARE TITEL BEI GU:
- **Katzen** ISBN 3-7742-3957-6
- **Landschildkröten** ISBN 3-7742-3908-8

Gutgemacht. Gutgelaunt.

▶ **STARTPHASE**

Die ersten Tage nach dem Kauf eines Sittichs sind entscheidend. Jetzt werden die Weichen für die Beziehung zwischen Mensch und Tier gestellt. Mit freundlichem **Zuspruch** und intensiver **Beschäftigung** nehmen Sie Ihrem neuen Freund schnell die Angst vor der fremden Umgebung.

Wohlfühl-Garantie für Wellensittiche

▶ **FLUGSTUNDE**

Wie ihre wild lebenden australischen Vettern sind unsere Stuben-Wellensittiche perfekte Luftakrobaten. Um diese Flugkünste zu erhalten, gehört der **tägliche Freiflug** zum Pflichtprogramm. Das Flugtraining sorgt darüber hinaus auch für die nötige **Fitness** und stärkt die Krankheitsabwehr.

▶ **GESCHMACKSFRAGE**

Gewöhnen Sie Ihre Wellensittiche vom Start weg an **vielseitige Kost.** Das sichert die Versorgung mit allen wichtigen Vitaminen und Nährstoffen. Bei erwachsenen Vögeln lassen sich eingefahrene Ernährungsgewohnheiten nur noch sehr schwer ändern.

▶ **SPIELSPASS**

Wer spielt, bleibt körperlich und geistig fit. Das gilt für hellwache Vögel wie die Wellensittiche ganz besonders. **Spielbaum** und Lieblingsspielzeug lassen Langeweile keine Chance. Am meisten freuen sich Ihre Vögel, wenn Sie sich als Spielpartner zur Verfügung stellen.